Benoît Vitse

Autobiographie autorisée d'un gaucho picard

Pour autant que je me souvienne de l'avenir

NomBre7 éditions

*Merci aux poètes de Iași, et particulièrement à
Emil Brumaru, Cesar Ivănescu, Mihai Ursachi et
Lucian Vasiliu, si présents dans mon cœur et dans mon récit.*

Toutes les rues de mon souvenir
forment une seule ville en sépia
l'infâme Thiers à Boulogne
a sa plaque et les mouettes
la couvrent toujours de fiente
avant de survoler la place Dalton
la rue François Meunier à Amiens
la prolonge d'un trottoir mal taillé
où s'estropient de pieux vieillards
et c'est Paris qui commence au coin
d'un quai rempli de bateaux-livres verts
Montorgueil marchande ses quatre saisons
Rue du Sentier me fait entrer à Thury
rue d'en Haut plonge dans celle d'en Bas
et croise la rue des Teinturiers maculée
d'affiches au plus fort d'un juillet papal
on tourne juste un peu sur la gauche
pour tomber sur le Boulevard Copou
Iași soigne son tramway qui pète le feu
et ne fait demi-tour qu'au jardin botanique
pour nous conduire à la rue des Messieurs
à Tchernivtsi jusqu'au buste de Paul Celan
en passant par le boulevard Grigore Vieru
à Chișinau où Eugène Ionesco a son théâtre
puis il entre dans Kiev par la Porte Dorée
et j'entreprends la descente Andrievski
où Boulgakov parle des Tatars de Crimée
pour me conduire élégamment à Tătărași
la rue Ion Creanga fabuleux fabuliste
se termine en un chemin de terre
qui prend l'eau à Port-au-Prince
c'est Jésus qui mène le tap-tap
ce bus qui ne connaît que le hors-piste
où nous attend la divine pluie de Douala

portant sur sa tête tous les médicaments
le pharmacien parcourt les trottoirs
couverts de crottes de marabouts
dans Kampala où des actrices
jouent Matei Vișniec en anglais
pour finalement revenir à mes moutons
bêlant au passage d'un corbillard picard.

1

Adolfo Bioy Casares a dit explicitement qu'il n'existait ni pampa ni gaucho en Argentine, mais il n'a jamais dit qu'il n'y avait pas de gaucho en Picardie. Je suis devenu Argentin sans m'en rendre compte. Par fréquentation. Borges, Cortázar, Sabato… Et puis d'Argentin, je suis passé gaucho. Toujours par fréquentation. Chevaux, moutons, chèvres… Je pensais à cela en préparant mon maté de 16 heures. Le maté Taragüi bien sûr. Il n'y a rien d'extraordinaire à ne pas vivre là-bas ; les Argentins s'exilent tout le temps : Cortázar, Gardel, Maradona, Messi… Nous vivons loin de notre patrie géographiquement, mais pourtant nous y habitons tout le temps. Nous suivons Boca-River avec Fervor de Buenos Aires. Et puis, le soir, le tango. Mais là, il y a une difficulté. Nous les gauchos, nous dansons mal. C'est normal, toute la journée à cheval, les jambes sont raides. Alors nous avons passé un pacte avec le bandonéon d'Astor Piazzolla, qui dit que le tango s'écoute et ne se danse pas. Et tant pis pour Ernesto Sabato qui disait, comme Enrique Santos Discépolo : « Le tango est une pensée triste qui se danse ». Oui, à ceux qui ne voient que la virtuosité chorégraphique, il manque la réflexion. Le tango, c'est aussi un texte qui n'est même pas en espagnol, mais en lunfardo et qui dit (dans la bouche de Celodonio Flores) :

Je me souviens : tu n'avais rien à te mettre ;
Et t'as des fringues en soie avec des roses brodées…
Ta présence me dégoûte, j'paierais pour ne pas t'voir !
Même ton nom a changé [comme a changé ton destin :

T'étais ma Margarita... Ils t'appellent maintenant
Margot !
Tu fais la fête avec des idiots pleins aux as
Dans les cabinets réservés du Julien ou du Petit ;
Et ta mère, pauvre vieille, lave toute la semaine
Pour pouvoir bouffer, dans la pauvreté franciscaine
D'un piteux couvent éclairé au kérosène.

Je me souviens que je connaissais mal le patois boulonnais comme je connais mal le lunfardo, mais Borges m'a rassuré : « *Cet argot, en fait, est une blague littéraire inventée par les auteurs de comédie et les paroliers de tangos ; les gens des faubourgs l'ignorent.* » Et précisément Boulogne-sur-Mer est un faubourg de Buenos Aires.

D'ailleurs, D'ailleurs à l'origine le tango se dansait entre hommes, ce qui n'aurait pas dû déplaire à Marcel Proust, pourtant dans son œuvre il n'a que du mépris pour cette danse : « Oui, fait-il dire à Charlus, je n'ai plus vingt-cinq ans et j'ai déjà vu changer bien des choses autour de moi, je ne reconnais plus ni la société où les barrières sont rompues, où une cohue, sans élégance et sans décence, danse le tango jusque dans ma famille, ni les modes, ni la politique, ni les arts, ni la religion, ni rien. » (À l'ombre des jeunes filles en fleur). Par ailleurs, Jorge Luis Borges et la comtesse Anna de Noailles auraient dansé le tango dans le salon de cette dernière aux environs de 1905.

J'ai vu, collégien à Boulogne-sur-Mer, de Gaulle défiler en voiture décapotable ; je me souviens seulement qu'il fallait applaudir. Je ne garde que le souvenir de Peron et d'Isabelita, débarquant en hélicoptère au-dessus de mes champs.

À Boulogne-sur-Mer, en bordure de la mer, se trouve la statue du général José de San Martin, tandis qu'à Buenos Aires il y a, comme je l'ai déjà précisé, un quartier du nom de Boulogne-sur-Mer. Ce libérateur de l'Argentine, je l'ai donc croisé chaque fois que j'allais à la plage, que je revenais de la piscine et j'observais ce cavalier impétueux monté sur un socle et brandissant un drapeau. En bas du socle, une femme au sein nu lui tend un laurier, mais lui, la tête haute, le front droit, la bouche ouverte dans un chant patriotique, a les yeux rivés sur la mer. Quelle étrange ville quand même avec sa colonne Napoléon où l'empereur, à 54 mètres de hauteur, comme ces fous de Dieu réfugiés à vie sur un pilier tourne le dos aux rivages qui lui furent toujours inaccessibles et où l'on roule à gauche. Et puis, il y a le bien nommé « Calvaire des marins »…

Dans mon collège religieux, les prêtres voulaient nous convaincre une bonne fois que leur foi était la bonne et ils essayaient de nous convertir jusqu'au jour où je me suis écrié : « Jésuites, vous voulez faire de moi ce que vous avez fait des Indiens guaranis ! »

À la même époque de mon enfance, ma mère disait toujours qu'il ne faut pas se faire remarquer ; c'est ce qu'il y avait de plus remarquable en elle. Pour le reste, je me souviens seulement qu'elle disait des enfants des autres : « Il y a des parents qui ont de la chance. » Et aussi qu'elle marmonnait à mon père quand il accélérait avec sa puissante DS : « Ne te prends pas pour Fangio » (tiens, il ne serait pas Argentin lui aussi !)

A quatre ou cinq ans, voici le genre de dialogue que j'avais avec ma mère. Elle me disait

— Quand il pleut, c'est le petit Jésus qui fait pipi. Quand il y a du tonnerre, c'est le petit Jésus qui joue aux boules.

Pour continuer à m'instruire, j'ai demandé :

— Et quand il fait beau, il fait quoi le petit Jésus ?

— Ben, s'il fait beau, il fait rien ! Il est idiot ce gosse-là !

Enfant, il y avait deux corvées pour le seul dimanche matin. Il n'y avait pas à discuter : la messe à 9 heures et le tennis à 10 heures. Par la suite, enfin libéré de ces obligations, si je n'ai jamais remis les pieds dans une église (car comme Jerzy Lec, « peut-être que Dieu a voulu faire de moi un athée »), mais j'ai apprécié le maniement de la raquette. Mais, à l'époque, peut-être parce que cet exercice m'était imposé, je priais Dieu à la messe de 9 heures pour qu'il nous dispense du tennis de 10 heures par une bonne pluie.

Certains dimanches un peu plus dimanche que d'autres, il fallait même aller communier. Mais pour cela, il fallait s'être confessé la veille et surtout n'avoir rien avalé de solide au petit-déjeuner. Le petit Jésus pouvait tomber sur du liquide, mais jamais sur du solide. Il y a des règles quand même. Le seul souvenir que j'ai de ces matins glauques, c'est le froid qui régnait pendant l'office. J'avais l'impression que des murs décorés des sempiternelles stations du chemin de croix suintait une humidité permanente, triste et sale. Dans un coin, un vieux confessionnal vide grinçait, peut-être à cause du poids des péchés entendus toute la semaine. Le sermon revenait toujours à la même rengaine : l'homme est trop orgueilleux et ça ne plaît pas du tout à Jésus. Il faut qu'il rampe, qu'il s'humilie, qu'il ne soit que poussière, qu'il baisse la tête, qu'il batte sa coulpe, qu'il se frappe la poitrine, qu'il s'écrase comme une grosse m... En tout cas, c'est ce qu'il fallait comprendre. Et d'ailleurs tout le monde baissait la tête, et les femmes en plus devaient se couvrir : fichu, chapeau, voilette, foulard. Tout était bon pourvu que leurs cheveux ne soient pas en contact direct avec Dieu. On supposait que Dieu était chatouilleux.

Avant d'entrer dans l'église, ma mère nous donnait, à mon frère et à moi, quelques pièces de monnaie à glisser dans nos poches pour la quête qui avait lieu juste après le sermon. Déjà à l'époque, on manquait de personnel : plus de bedeau ni de Suisse pour assurer cette quête. Le prêtre confiait donc à un paroissien ou une paroissienne le petit panier en osier qu'il fallait faire circuler dans les travées. Ma mère, un jour, fut mise à contribution. Elle avait commencé par refuser, tellement peu disposée à se faire remarquer, comme elle disait, mais devant l'insistance du curé, il avait bien fallu s'exécuter. Finalement, elle s'en était assez bien tirée, faisant le même sourire commercial qu'elle arborait dans sa bijouterie, à chaque fois qu'une pièce tombait dans l'escarcelle. Mais le drame se produisit quand elle rapporta le panier au prêtre qui lui demanda si elle avait mis son obole. Toute rouge, ma mère fouilla dans son sac pour trouver un billet qu'elle jeta au milieu des pièces qui cliquetaient de peur devant tant de rage.

Le retour à la maison se fit dans un silence glacial. On en oublia d'acheter les pâtisseries hebdomadaires à la boulangerie en face. Ma mère ne décolérait pas :

— « Mais il est idiot ce curé ou quoi ?! Me dire cela devant tout le monde ! Me faire remarquer que je n'avais rien mis dans sa corbeille. Comme si j'avais profité de quêter pour ne rien donner ! Et toi, tu ne dis rien, comme d'habitude ! » disait-elle à mon père qui préparait sa tenue de tennis.

Toujours est-il que le dimanche suivant ainsi que les autres dimanches qui venaient, ma mère exhibait à la messe un bandage, qui indiquait bien que la gravité de la blessure ne lui permettrait plus de faire la quête pour un temps illimité.

J'ai lu *La légende des Siècles*, mais quand je veux en réciter quelques vers, je commence toujours par :

Aquí me pongo a cantar
Al compás de la vigüela,
Que el hombre que lo desvela
Una pena extraordinaria
Como la ave solitaria
Con el cantar se consuela.

Et je compris bien plus tard qu'il s'agissait non de Martin

Hugo, mais de *Martin Fierro el gaucho.*

Et si j'ai joué dans la *Chanson de Roland*, c'était sur des chevaux argentins sous la dictature du Capitaine Crochet tandis que la fée Clochette nous apprenait à jouer de l'épée comme Peter Pan. « En vérité, la méchanceté de Crochet est toute relative. Sa présence s'avère nécessaire pour mettre un peu d'ordre et de discipline dans une île gouvernée par l'anarchie de ceux qui ne veulent pas grandir. » (Rodrigo Fresan – Les jardins de Kenington)

La journée des grands Gauchos commence tôt. Le café bouillonne déjà sur quatre pierres en fusion ; un saucisson et quelques churros les jours de fête complètent la collation. Nous n'avons pas beaucoup de temps pour le petit-déjeuner, car on passe des heures à mettre nos bottes et notre équipement. J'ai toujours dans ma poche la photo de Rudolf Valentino dans *Les quatre cavaliers de l'apocalypse* pour être sûr d'avoir bien mis mon chapeau cylindrique et le pantalon bouffant. Le problème alors c'est de ne pas tomber sur un paysan du coin qui, vêtu de toiles grossières, ne manquerait de se moquer et au XXIe on ne peut plus les faire piétiner par nos cavales. Parcourir la pampa sans rencontrer personne, cela paraît possible, mais de Clermont à Beauvais, ce n'est possible qu'en cas de confinement pour pandémie mondiale. Il y a une autre grande différence : là-bas les bêtes ont besoin d'espace, ici les espaces ont besoin de bêtes. Sinon, il faut tondre et les grandes faucheuses se déploient comme un vol de sauterelles ou de criquets dans un bruit strident de fête foraine. Enfin, on trouve une oasis pour s'arrêter et grignoter un jambon entier tout en se laissant envahir par la poésie magnificente du paysage. C'est souvent vers midi que le Gaucho utilise l'adjectif magnificent, qui est français mais que le reste de la population emploie si rarement.

Ces grandes plaines picardes que je recouvre d'ovins et

caprins, ah qu'elles m'émeuvent quand elles dissipent le fumet de mon maté dans un vol de perdrix grises ! Et ce vent hardi qui a l'audace de déranger le toupet de mon *caballo* ! Toujours en selle, au côté notre couteau traditionnel, le *facon*, et à la main les *boleadoras*, ce fouet à petites boules. Bien sûr, pour castrer les bouvillons, j'utilise comme tout le monde, un plus petit couteau, le *verijero*. Les sabots résonnent sur le sol sec de plusieurs lunes sans pluie. Les vautours et les urubus n'attendent qu'une chose : que je leur tourne le dos. Un animal un peu faible ferait bien leur affaire. Les voleurs de bétail ne sont pas rares non plus. Un soir de Nouvel An, un cochon de 140 kilos a disparu. Chez nous, il n'y a pas de shérif, il faut traquer soi-même les malfrats, dans le froid et la neige. Et puis le soir, *asados* que les Picards appellent barbecue. Avec cette différence que nous les gauchos nous faisons cuire la viande à petit feu pendant au moins quatre heures ! Et avec une sauce *Chimichurri* :

- 5 quartiers d'ail coupés finement
- 4 feuilles de laurier émiettées
- 3 cuillères à soupe d'origan
- 1 cuillère à café de poivre noir moulu (pas en poudre)
- 4 cuillères à café de piment (plus ou moins fort selon votre préférence)
- 4 cuillères à soupe d'huile d'olive
- 1 tasse de vinaigre de vin

Mettre le tout dans une bouteille, bien mélanger et laisser reposer une semaine dans un endroit frais et à l'abri de la lumière.

Ah oui, nous, on prend le temps. Comme dit le poète Juan Gelman, nous avons la soif et la patience de l'animal et le payador vient nous distraire avec ses chansons gauchesques :

Y mientras al gaucho errante
al cruzar por la pradera,

se detenga en su carrera
y baje del alazán;
y ponga el poncho en el suelo
a guisa de pobre alfombra,
y rece bajo esa sombra,
¡Santos Vega, duerme en paz!

C'est alors que la nuit vient nous prendre ; je regarde les étoiles dans un miroir pour les voir à l'envers comme si j'étais dans l'hémisphère Sud. Les cris féroces des bêtes nocturnes m'endorment finalement. Guano, le dogue argentin, veille. Je le relaierai au petit matin et il pourra dormir de tout son saoul à son tour, le temps qu'on s'équipe. Alors les femmes me direz-vous. Oui, c'est un monde d'hommes, c'est vrai. Une femme voulait bien essayer cette vie ; elle était tentée par le fait qu'on mettait du temps à s'habiller. En fait, ce n'est pas que le métier soit si dur, mais la conversation manque. On parle plus à nos chevaux et à nos bœufs. Il arrive qu'un gaucho ne prononce que cinq mots dans la journée et encore dans ces cinq mots plusieurs se répètent : Puta de chileno ! Ce qui équivaut à notre « Parisien, tête de chien ; parigot, tête de veau », mais si vous chevauchez avec une femme chilienne, ça peut déplaire.

Plus tard, je ne serai plus tous les jours sur les chemins de traverse, il faut que je pense à ma retraite, mais peu importe, gaucho, c'est d'abord un état d'esprit. C'est une façon d'accueillir le facteur d'un mouvement du bras au-dessus de la tête lui faisant croire qu'on reçoit une lettre de Maradonna : la main de Dieu se dit-il. Qu'il soit croyant ou pas en Dieu, il croira toujours en Maradonna. C'est décider de nourrir des lapins (quand on n'a plus de chevaux) en leur flattant la croupe. C'est retenir quelques vers d'Alejandra Pizarnik pour les dire au coiffeur :

Demain

on me vêtira de cendres à l'aube,
on m'emplira la bouche de fleurs.
J'apprendrai à dormir
dans la mémoire d'un mur,
dans la respiration d'un animal qui rêve.

Et c'est surtout manger les œufs à la coque en les décapitant d'un seul coup de *facon* ou, si on n'en a pas, avec un hachoir de boucher.

Bien entendu, certains pourront toujours me reprocher de rejouer le « comment peut-on être Persan ? » Il ne s'agit pas cela. Pour bien comprendre, il suffit du roman de Julio Cortazar « Marelle » (*Rayuela*). Il peut se lire comme on lit tous les livres en suivant l'ordre des pages. Alors cette lecture régulière et uniforme, lisse, c'est la vision extérieure que l'on peut avoir d'un pays. Mais Cortazar nous précise qu'on peut le lire dans un autre ordre, en commençant par le chapitre 73 pour revenir au premier, et ainsi de suite. Alors il se passe quelque chose de l'ordre de la couture : le fil entre dans le tissu, revient en arrière, repart de l'avant. Nous sommes dans le cœur des choses. Eh bien, c'est cette intériorité que j'ai cherchée et peut-être trouvée. Et si la couture est bien faite, c'est invisible.

Quant à ceux qui prétendent que je ne suis jamais allé en Argentine, ils ont raison de le croire, mais ils oublient que je suis plus un gaucho de la Pampa qu'un citadin « portègne » et la Pampa n'existe pas, c'est un mythe littéraire. En dehors de cela, le fait de n'y être jamais allé me donne un certificat d'objectivité, voire d'authenticité. De fait, entrer dans un pays pour en ressortir au bout d'un séjour de x jours nous donne toujours la prétention d'en avoir fait le tour. Encore une fois, ce n'est pas le tour qui m'intéresse, mais l'intérieur. « Nous vivons entre deux pays imaginaires : celui des enfants que nous avons été et celui des morts que nous serons » écrit Rodrigo Fresan. Alors un pays de plus ou de moins…

Au temps de ces premières aventures, quand sous le sabot du cheval de José de San Martin, j'observais par beau temps les côtes des voleurs de Malouines… Déjà je comprenais qu'il fallait tout faire pour ne pas apprendre cette langue qu'un professeur d'anglais distillait d'un air ennuyé en poussant de grands soupirs à chacune de nos réponses inaudibles. Pourtant, l'espagnol impérialiste, il ne fallait pas y compter non plus. « Une langue pour les fainéants, pas pour les ingénieurs » avaient décrété mes parents dans leur sagesse monoglotte. Pourtant, ils n'aimaient pas beaucoup les Anglais qui traversaient the Channel pour ingurgiter de la bière et pour la dégurgiter sur la devanture du magasin. Bijoutière, ma mère aurait aimé ce pays qui commençait par « argent », mais pour elle gaucho était trop près de gauchiste. L'allemand avait quelques partisans, sérieux et tristes comme des vaincus de la dernière guerre. Les cours d'Histoire et de géographie ne portaient jamais sur l'Argentine, mais j'avais quand même récupéré le drapeau bleu-blanc-bleu dans un paquet de biscuits, mais un bleu si pâle qu'il semblait l'enseigne d'un pays qui s'effaçait dans le souvenir. Je me disais qu'il ne fallait pas laisser ce drapeau à la lumière du jour ; les couleurs en disparaîtraient définitivement. Il y avait bien ce soleil au milieu, mais il était si petit, si peu sûr d'éclairer longtemps toute la galaxie que sa modestie me touchait. À la récréation, nous échangions les drapeaux que nous avions en double. Je donnai un États-Unis contre un Cuba, alors que nous étions en pleine guerre froide. La gaucho attitude, je l'avais déjà si je me souviens bien. Je jouais à enfoncer la lame d'un canif de pacotille entre les doigts de ma main ouverte, en allant de plus en plus vite jusqu'à ce que je me blesse légèrement. Je m'écriais alors « Caramba ! » et c'est la main bandée que j'imaginais les plus belles bagarres contre les voleurs de chevaux qui profitaient toujours qu'un puma m'attaque alors que j'étais en selle pour jouer les bandits de grand chemin.

Il y a certaines attitudes qui font toute la différence. En France, un homme en train de se raser pense à devenir président de la République. Un Argentin se rase, se coupe et, voyant le sang couler de la lame et de sa joue, soupire : Quel pays ! C'est une toute autre conception de l'État. Évidemment si dans le premier cas, ce n'était pas une blague (il est malheureusement devenu président), dans le second, c'est un peu d'humour. Cette ironie douce-amère sur soi-même. Depuis Martin Fierro, l'humour est comme une seconde langue. Martin Fierro, celui qui répond au maître qui lui demande s'il va pleuvoir : « Hum, le temps est pensif… »

Alors que l'Argentine semblait oubliée et qu'il fallait se résigner à aller au Touquet ou à Hardelot pour le week-end, Tonton Cristobal est revenu. Cette chanson nous plaisait autant pour son début :

Tonton Cristobal est revenu
Des pesos des lingots il en a le cul cousu
La famille hypocrite crie vive le barbu
Tonton Cristobal est revenu
À nous ses petits neveux on nous disait il s'est taillé
En Amérique du Sud sans un pélot tout débraillé
Mes enfants que la Vierge nous patafiole
Plutôt que de revoir un jour sa fiole
À Buenos Aires il faisait la traite
D'on ne sait quel produit
Il est revenu fortune faite

Plein de cadeaux jolis
Une poupée qui fait pipi qui se mouche
Et qui a des seins qui se gonflent avec la bouche

Que pour sa touche finale :

Tonton est mort un jour d'avoir oublié de respirer
Sa distraction fatale nous ses copains nous fit pleurer
Honteux de voir nos parents qui plaisantent
Autour de sa dépouille encore fumante
Mais un fantôme depuis punit cette famille ingrate
Quand ces bourreaux nous ont meurtri les miches à coups de savate
Il vient la nuit tirer les pieds de ma mère
Qui aussitôt fout une baffe à mon père
Tonton Cristobal est revenu
Des pesos des lingots il en a le cul cousu
La famille hypocrite crie vive le barbu
Tonton Cristobal est revenu...

À la même époque, lorsqu'on nous demandait, sur notre fiche de début d'année scolaire, quelle profession nous envisagions, je répondais systématiquement : flibustier. Les flibustiers étaient des aventuriers qui écumaient les côtes et dévastaient les possessions espagnoles en Amérique. Et quel mal y a-t-il à dévaster et à ruiner ceux qui s'étaient enrichis sur le dos des peuples sud-américains, je vous le demande, ai-je répondu au professeur qui prenait ma réponse pour une plaisanterie de mauvais goût. Mais c'est vrai qu'à l'époque, j'avais mauvais goût, dixit ma mère. Je préférais le foot au tennis, les chansons de Pierre Perret à celles de Sœur Sourire (malgré *Dominique*

nique... nique...), les cheveux longs à la coupe à la brosse, le flipper du café à l'homélie du dimanche matin.

Il fallait néanmoins travailler un peu. Allons, prenons donc trois auteurs au hasard : Jules Supervielle, Jules Laforgue, Lautréamont. Et maintenant biographons. Lieu de naissance : Montevideo, Montevideo et Montevideo. L'Uruguay, ce n'est pas encore l'Argentine, mais enfin... Qu'en dit Lautréamont lui-même : « *... né sur les rives américaines, à l'embouchure de la Plata, là où deux peuples, jadis rivaux, s'efforcent actuellement de se surpasser par le progrès matériel et moral. Buenos-Ayres, la reine du Sud, et Montevideo, la coquette, se tendent une main amie, à travers les eaux argentines du grand estuaire.* » Alors on conçoit bien que la marge est étroite, la différence minime, le passage facile.

Et jules Supervielle :

MIDI

Où suis-je ? Le rancho. Tout autour, au repos,
S'étire jusqu'à l'horizon la pampa rude
Que ne connaît que l'ombre errante des troupeaux
Et parfois un ombú, courbé de solitude...

Alors certes, Saint-Exupéry (aviateur ? écrivain ?) a écrit que Buenos Aires est « une cité odieuse sans enchantement. On dirait un gâteau mal cuit. C'est une immense cité de ciment. » Mais comme je détestais depuis toujours Saint-Ex et son renard savant, tout concordait et plutôt correctement.

Un jour, mon père est revenu triomphant d'un rendez-vous avec mon prof de français.

PÈRE – Tes auteurs ne sont pas au programme, aucun des trois ! Et en plus, celui qui se dit Comte de Lautréamont, s'appelle en réalité Isidore Ducasse

MÈRE – Ducasse !? Comme la ducasse de la place à

Marquise, cette fête de péquenots ?

PÈRE – Pareil.

MÈRE – Tu n'as vraiment aucun goût.

Il fallait oublier tout ça et suivre à la cave les trois malheureux auteurs dont les œuvres étaient destinées à servir de combustible dans la chaudière du chauffage central. Heureusement, cette menace ne fut jamais mise à exécution. Mais l'humiliation était de taille : ils seraient condamnés à l'humidité et à la compagnie d'un tas de Reader Digest. Comment rester gaucho malgré l'adversité ? Il fallait un coup de pouce du destin. Et voilà que sur le quai de Boulogne vient accoster *Le Libertad*, un navire-école, un voilier à trois-mâts qu'on pouvait visiter. C'est un des plus grands voiliers du monde, avec ses 27 voiles et ses mâts de cinquante mètres de haut qui faisait toujours escale à Boulogne, puisque c'est là qu'est mort José de San Martin. (Il avait aussi quatre canons.) J'aurais voulu m'y perdre lors de la visite, mais l'équipage était vigilant, qui écoutait sur de petits transistors : *Guantanamera, guajira guantanamera...* Il avait remplacé en 1960 la frégate *Presidente Sarmiento*. J'ai voulu me renseigner sur cet homme-là : « militant, combattant, intellectuel, écrivain et homme d'État argentin, et le septième président de la République argentine. Il est une figure respectée, tant comme homme de lettres que comme innovateur politique, un des points culminants de la littérature latino-américaine du XIXe siècle ». Bien des années plus tard, je tombais sur ce texte d'Eduardo Galeano : « En 1861, Sarmiento écrivait : « N'essayez pas d'économiser le sang des gauchos, c'est tout ce qu'ils ont d'humain. C'est un engrais qu'il faut utiliser pour le bien du pays. » Dans la guerre d'extermination contre les provinces, Sarmiento fut désigné chef d'état-major et ses troupes marchèrent vers le nord pour tuer les gauchos, « animaux bipèdes de naturel pervers ».

Enfin, il avait fallu laisser repartir La Libertad. Et retourner à l'école pour oublier la bannière bleu-blanc-bleu. Mais dans la cour de récréation, un petit gamin de douze ans tourne en bourrique, avec ses dribbles et ses passements de jambes, tous les footeux des classes supérieures : il s'appelle Oscar Muller, il est né à Rosario et son père Ramon Muller joue pour l'équipe professionnelle de l'Union Sportive de Boulogne… Oscar jouera plus tard au F. C. Nantes. Bref, même quand je n'y pensais plus, l'Argentine était beaucoup plus présente que mon ange gardien dont je n'avais d'ailleurs aucune nouvelle.

2

J'avais quitté le premier port de pêche pour la dernière université de France, heureusement entourée d'une pampa où la betterave laissait tout de même cavaler nos cavales. Du haut de sa cathédrale, Amiens trônait sur une plaine verdoyante.

Nous partions accompagner nos bêtes à cornes en défiant jour et nuit les voleurs de bétails. Au matin, nous nous retrouvions avec vingt-cinq bœufs en moins. Aussitôt, il fallait laisser refroidir le café et nous jeter dans le bourbier des traces toutes fraîches. Après une harassante poursuite, nous tombions le plus souvent sur un groupe d'amateurs, incapables de diriger correctement un troupeau et qui n'avaient pour toute motivation que le souvenir de la viande grillée. Aussitôt qu'ils nous apercevaient, ils s'enfuyaient en laissant tout ce qui était à nous et un peu de ce qui était à eux. Comme s'ils voulaient nous dédommager du temps perdu. Mais il y eut des cas un peu plus complexes à résoudre.

— Si tu veux récupérer ton taureau, viens le chercher !

— Je ne vais pas perdre une bête, juste un peu de temps.

— Le problème, c'est que ta charmante bête semble s'être attachée à nous, vois-tu.

— Elle est effectivement attachée, mais pas de son plein gré.

— Qui peut connaître la volonté des taureaux ?

— Moi, comme je connais la volonté de mon couteau quand il s'agit de balafrer un *salteador de caminos.*

— Fais attention. J'ai l'impression que tu transmets ta nervosité à ton cheval.

— Non, c'est simplement qu'il est aussi impatient que moi de te donner une leçon.

Quand le dialogue semble bloqué, il faut éperonner et la bagarre commence. Les couteaux giclent de nos ceintures. L'adversaire pense l'emporter, car il ne sait pas ce qu'est un cheval criollo. Vous n'avez besoin que d'un doigt pour le diriger alors qu'en face il faut bien tenir ses rênes si on veut maîtriser sa monture. Le plus souvent, je me précipitais sur l'arrogant et je coupais la sangle de sa selle, ce qui le renversait sans qu'il ait le temps de réagir et lui donnait un air ridicule dont il garderait toute sa vie les séquelles. J'en ai pris aussi des coups de couteau, mais ces balafres ne m'ennuyaient pas ; c'étaient de superbes tatouages qui ne m'avaient coûté qu'un peu d'hémoglobine. Mais lorsque j'étais furieux que l'on m'ait déchiré ma chemise ou ma *bombacha* (pantalon ample serré à la cheville), il m'arrivait de terroriser tout un village d'indigènes picards. On a tous été jeune. Ces peuplades primitives avec lesquelles nous vivions la plupart du temps en bonne intelligence (le mot est mal choisi) n'avaient jamais vu de chevaux et ils s'imaginaient que nous étions des monstruosités à quatre pattes. Pour les calmer, nous leur donnions quelques colliers en plastique, des colifichets, de la verroterie qu'ils appréciaient beaucoup en fin d'année et d'ailleurs un proverbe picard dit : « Noël au balcon, pacotilles ».

Les femmes aussi aimaient les grandes estafilades qui ornaient nos corps rompus à la discipline gauchesque. Bien sûr, nous n'avions pas le temps d'en profiter pleinement, mais lorsqu'un imprévu nous laissait quelques jours de liberté, elles aimaient parcourir d'un ongle sensuel les cicatrices qui se prolongeaient jusqu'aux endroits les plus luxurieux.

Un jour j'eus le bras plâtré, après avoir débourré de jeunes poulains toute la journée ; le dernier me fit voler dans les airs et je retombai sur ma main. On entendit un crac dans la cité où est mort Jules Verne. Vous savez, les poulains, et je dirais surtout les pouliches, il faut sentir quand vous êtes en accord avec l'animal. Cet accord peut se manifester sous une forme de lutte, mais chacun sait ce qu'il veut.

— Tu vas essayer de me monter.

— Et toi, tu vas essayer de me démonter.

— Exact.

— Alors que le meilleur gagne.

— Hourra !

— Attends un peu. Toi, tu as intérêt à devenir civilisé.

— Pourquoi ? Pour qu'un type me monte dessus tous les jours ?

— Si tu me laisses te monter, tu auras une ration double, on s'occupera de toi, de ton box.

— Ouais, et je vais crever à quinze ans avec ce que vous allez me faire faire, alors que mes parents restés sauvages ont dépassé la trentaine.

— Oui, mais ça, tu ne peux pas le savoir encore. On te donne la parole, pas la prescience.

— C'est vrai aussi.

Bref, et même si le plus souvent le cheval ne dit rien, un réel dialogue s'engage. Et c'est assez beau de voir que chaque jour on échange un peu plus, on apprend l'un et l'autre de nouveaux mots. Tout cela parce qu'on a compris le poulain, son acceptation ou son refus ; la jambe, la main transmettent notre compréhension et notre conviction que tout se passera dans l'harmonie. Alors vraiment, en quelques jours il se passe un petit miracle d'intelligence échangée. Certes le cheval est maîtrisé, mais on ne sait jamais qui a le mieux compris l'autre.

Pourtant cette fois-là, en fin de journée, je suis tombé sur une saloperie de canasson de merde. Une bourrique de pouliche qui commence par ne pas bouger et qui profite du moment où je resserre la sangle pour m'envoyer un coup de cul monumental. Plâtré le soir même, je me sauvai de l'hôpital en sautant par la fenêtre et le lendemain j'étais en selle. Je pouvais encore convoyer les troupeaux, mais le soir plus d'aventures avec les jeunes chevaux. Alors, je montais dans ma chambre et laissais les dames errer sur mon corps tourmenté à la recherche de frissons par procuration. Je profitais de ces instants voluptueusement délicieux, mais qui me laissaient les mains libres pour composer quelques *cancioneros* :

Nous les gauchos de Picardie
toujours fiers, toujours hardis
fouet et boleadoras à la ceinture
tels qu'on nous voit en peinture
au galop sur de véloces criollos
maniant adroitement le cuchillo
pour dépecer une bête à corne
et pour les balafres qui ornent
les joues des voleurs de bétail
eux, il est grand temps qu'ils se taillent !

On voit tout de suite qu'il s'agit d'une *milonga pampeana* mélangeant le candombe afro-argentin et la habanera cubaine, sur la base :

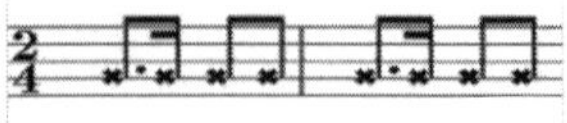

En quelques jours, je fus sur pieds, et malgré une légère boiterie qui ne faisait qu'ajouter à ma légende, je reprenais mon travail d'éleveur. Un mois plus tard, alors que je traquais un voleur de bétail particulièrement sournois, un puma du haut d'une branche et d'un bond se jeta sur moi. J'arrachai la couverture de la selle et, le *facon* (ce grand couteau typique de nous autres) à la main, j'attaquai la bête. Ce fut la lutte d'un instant. Personne ne bronchait. Les autres, muets et immobiles sur leurs chevaux, regardaient. Le puma dressa son énorme tête, plia à peine les pattes tandis que moi, imitant ses mouvements, je me courbais, tenais le *facon* en arrière et l'autre main enveloppée dans une peau de mouton. La bête bondit et un long rugissement satura l'espace. Mais, par modestie, je préfère que ce soit Alberto Gerchunoff qui raconte la suite : « Le puma tomba aux pieds du chasseur ; d'un coup de dague assuré, il lui avait déchiré le cœur. Il sortit non sans peine l'arme enfoncée jusqu'au manche et, d'un air tranquille, comme si de rien n'était, il dévisagea les spectateurs silencieux et dit : il était vraiment féroce. »

Bien sûr, tous ces épisodes restent dans les esprits et les vieux les racontent indéfiniment au coin de l'âtre, mais il faut bien reconnaître que le reste du temps notre vie de gaucho est bien calme, voire monotone. Les soirs de printemps, tout s'endort dans une torpeur tiède. Les *ranchos* aux murs blancs et aux toits de paille brillent dans la brume à peine esquissée. « Du ciel, lavé des pluies de la veille, descend une paix religieuse et de la terre s'élèvent des rumeurs paisibles. Les vergers sont fleuris et les champs verdoient à perte de vue. Au milieu du pâturage, le ruisseau entonne sa mélodie bucolique. Lente et grave est la chanson de l'eau, et sur le chemin recouvert d'une épaisse poussière uniforme une vipère morte ressemble à un crochet d'argile. » En tout cas, c'est ce que dit Alberto Gerchunoff dans son livre : « Les gauchos juifs ». Et vous voyez bien qu'il peut bien y avoir des gauchos picards puisqu'il y a des gauchos juifs !

Après l'activité intense de la journée, il fait bon dans la soirée caresser les barrières du corral où les chevaux, en se frottant, ont laissé des bouts de crin et c'est un jeu que de deviner à qui appartiennent ces crinières effilochées. Puis on repasse encore une fois par l'écurie, pour voir si tout va bien, mais surtout pour entendre claquer les sabots sur les dalles que les chevaux ont mis à jour en écartant la paille de leur litière d'une jambe hautaine. On vérifie toujours qu'un crotale ne s'est pas assoupi dans le foin ; le foin est pour le crotale ce qu'est la caïpirinha pour un Brésilien. Ce serpent est capable de se faufiler sur des kilomètres s'il sent l'odeur de la fenaison. De lui-même, il n'attaquera pas, mais si vous prenez une brassée sans vos gants de gaucho, et qu'il se trouve là endormi, la piqûre peut être mortelle. Il faut savoir que seule la première piqûre est mortelle, car ensuite on est en quelque sorte immunisé. Il y a évidemment un remède, mais c'est avec des feuilles infusées de quebracho, un arbre qu'on ne trouve malheureusement pas dans la plaine picarde. Ce qui n'est finalement pas si grave puisqu'on n'y trouve pas non plus de crotale. Pour le moment. Car avec le réchauffement climatique, on ne peut plus rien exclure. Et là, ce sera un problème sérieux, car le quebracho met bien plus de temps à faire des feuilles que le crotale à faire des petits. C'est pourquoi on vérifie toujours qu'un crotale ne s'est pas assoupi dans le foin.

Puis avant de rentrer, on s'assoit un moment devant le brasero qui pousse ses derniers soupirs, ce qui incite aux ultimes confidences.

— Finalement tu crois qu'il existe ?

— Qui ça ? Dieu ?

— Non, le socialisme.

— On le cherche, on le cherche…

— J'aimerais bien que ça existe quand même un jour ou l'autre.

— Et Dieu, ça ne t'intéresse pas ? Au cas où on ne trouverait pas le socialisme…

On reprend quelques haricots trop cuits, deux verres de ce vin Malbec, malheureusement tiède, et puis, il est temps de retirer nos bottes, de nous allonger dans l'herbe avec notre couverture comme matelas et notre selle comme oreiller, le poignard à portée de main. Là-haut les étoiles nous font signe que tout est sous le contrôle de la lune qui, insouciante, joue à saute-mouton avec les derniers nuages de la journée.

Autour de moi, je compte les *compañeros* déjà endormis, ceux qui jouent encore au *truco* leurs derniers *maravedis* (monnaie qui n'a plus cours, mais qui est au courant ?) et celui qui sera de garde toute la nuit. Ce soir, c'est Clotoaldo de Creil qui s'y colle. Je compte, je compte et le sommeil me prend. Comme chaque nuit, je fais le même rêve.

Je suis étudiant à l'Université d'Amiens, où je ne me plais pas. Les cours m'ennuient et je passe un examen, puis plus du tout. Je fais un peu de théâtre ; je fais un peu la cour à ma future femme qui me donnera trois enfants. Je fais un peu la cour à d'autres, ce qui ne donnera rien. On fait de la politique et il est décidé que je serai trotskiste. Je passe mon temps au cinéma, où l'on ne voit que des films « art et essai ». Mais surtout je vais à la MACU, une maison de la culture, où l'on voit les choses qu'on ne croirait pas qu'on verrait. Et puis là-haut dans un refuge à livres, il y a un poète espagnol, Carlos Edmundo de Ory. Lui, je l'aime bien et je l'appelle Carlos. Il connaît tout. Moi aussi, que je crois ; ce n'est pas vrai, mais je continue de le croire. Une fois par semaine, je vais à Paris pour rien, enfin pour faire du théâtre apparemment. Je rêve que je vais aux examens de fin d'année sans avoir préparé et que finalement je passe dans la seconde année qui sera ma dernière. Je crée un journal « Le Bol Chaud », le mensuel qui vous réchauffe les mains. J'attaque et je suis attaqué. J'ai deux amis, mais l'un qui était spirituel va tomber dans la spiritualité, et l'autre qui était cavalier va devenir plus royaliste que le roi. Mais pour l'instant je n'en sais rien et je continue de monter à cheval avec lui et à boire des coups avec l'autre. Finalement il s'avère que j'aime ma femme et que donc je l'épouse. En fait oui, je l'aime très fort. Je sais lui dire, mais je ne sais pas lui montrer. L'armée me recherche pour des travaux militaires que je n'ai aucune intention de faire. Quand on a lu Martin Fierro, on est refroidi à l'idée d'un enrôlement. Avec trois enfants, j'évite un an de corvées et de connerie. Pour l'instant, je n'en ai qu'un, enfin une. Un autre est en route, comme dit élégamment la voisine. Deux, ce ne sera pas suffisant. Coup de chance à la naissance, ce sont des jumeaux. L'armée me dit : « Bon, d'accord, d'accord ». Je vais nourrir trois enfants en faisant du théâtre, bonne idée. Mais ça ne marche pas comme je voudrais. Personne ne veut de moi dans sa troupe. Le monde est mal fait, la troupe militaire voulait de moi et moi je ne voulais pas… Alors je me lance dans le one-man-show avec des textes que j'écris moi tout seul. Ça marche un tout petit peu. De quoi nourrir un chat.

3

Mon rancho est certes un peu délabré, ce qui est un peu un pléonasme, car rancho ce n'est pas ranch, loin de là ! mais il y a de l'espace autour pour faire paître chevaux et chèvres. Le matin, j'attache la biquette au piquet et je prends ma selle ordinaire pour monter un poulain qui est né chez nous. Je passe du temps avec lui, d'autant que les villageois n'ont rien à dire si ce n'est pousser des jérémiades parce que mes chiens se sauvent. Eh oui, le dogue argentin n'a pas de niche, s'il vous plaît.

Le malheur, c'est qu'il y a de moins en moins de troupeaux à convoyer, même les voleurs de bétail se sont reconvertis en détrousseurs de parcmètres. La transhumance de la chèvre se réduit le soir à la conduire du piquet à son étable. Je continue de faire ce travail à cheval, mais on pourrait tout aussi bien le faire à pied. Mes mélodies gauchesques deviennent de plus en plus nostalgiques :

Où est passé le temps des vaches
quand nous faisions sans relâche
les routes de la bovine immigration
avec le chemin des bandits en option
c'était notre Graal, notre Compostelle
des mois sans descendre de selle
et le soir près du feu un vieil indien
chantait sa mort sur un rythme ancien…

Et puis un jour, alors que j'apprenais des tours de passe-passe à mon jeune étalon, un type arrête sa voiture, descend en se grattant le menton. Le dialogue s'engage :

— C’est vous qui faites cela avec ce cheval ?

— Vous voyez bien !

— Je veux dire, c’est vous qui lui avez appris cela ?

— Vous, personne ne vous a appris à dire bonjour.

— Écoutez, je vais être direct. Vous m’intéressez. Je dirige un cirque et…

— Monsieur, je suis un gaucho, moi, pas un clown.

— Certes, il y a des clowns dans un cirque, mais aussi de fantastiques dresseurs.

— Ce serait dévaloriser la profession que de s’exhiber sur la sciure d’une piste.

— Votre profession, je ne veux pas dire, mais…

— C’est vrai qu’en ce moment, il n’y a plus beaucoup d’activité. Mais vont revenir les périodes fastes des grands troupeaux à cornes et des pur-sang s’ébrouant dans l’harmonie d’un soleil couchant au son des guitares à cinq cordes alors que les dernières flammes lèchent encore le suc doré de la viande de mouton et que la chicha coule dans les gosiers desséchés par l’aquilon chargé du sable de la même couleur que le puma, au point qu’on ne sait jamais si c’est la bête ou la dune qui avance dans la nuit vers les grands bœufs repus.

— Buffalo Bill, vous le savez, a terminé dans un cirque. Et pourtant c’était le grand Buffalo Bill !

— Ce n’était plus le grand Buffalo Bill.

— Enfin, bon, il avait encore de beaux restes. Écoutez, je vous laisse ma carte. Réfléchissez.

Ni bonjour, ni au revoir, il a repris sa voiture, une Chevrolet-Crevette, disons une bagnole rose et il a foutu le camp.

Bien sûr la proposition était tentante, mais il était hors de question que je me produise sur sa piste aux étoiles. Alors, nous avons trouvé un compromis. J’avais dressé suffisamment bien le cheval pour qu'il fasse son numéro tout seul, sans que j'apparaisse. Jerrycan (il était né lors de la première crise du pétrole) entrait en scène et venait se coucher au milieu de la piste. Il avait juste fallu l'habituer aux applaudissements, car la première fois, cela le surprit et, prenant peur, il se releva brutalement. Je lui fis donc écouter patiemment des bandes sonores où l'on entendait des gens applaudir de toutes les façons possibles. Et le soir, il fit son numéro sans une faute. Il fallait également qu'il mange la chaise du clown (j'avais remplacé le paillage par du foin) et d'autres facéties qui régalaient toujours le public.

J'accompagnai un temps la tournée. Les numéros étaient bien faits ; on pouvait juste regretter que le Norvégien qui jonglait en première partie soit le Péruvien qui dressait des chiens en seconde partie.

Mais ce qui était très mauvais, c'était les clowns. Et je te tape dans le dos, et tu me tapes dans les fesses et je me pousse et tu tapes à côté. Et j'enlève la chaise quand tu veux t'asseoir et ainsi de suite, avec un dialogue coupé au couteau :

— Tu sais, Auguste, que je suis allé sur le Pô.

— Ah, bon tu as la diarrhée ? Les petits zenfants, il a la diarrhée !

— Non, sur le Pô, en Italie.

— Et comment sont les chiottes là-bas ?

— Ce ne sont pas des chiottes, c'est un fleuve, le Pô !

— Ah bon, ils n'ont pas le tout-à-l'égout ?

Dans ce sketch-là, encore, on peut trouver un peu de finesse si on compare avec le reste. Le directeur était bien conscient qu'il y avait là une faiblesse dans son programme et il demandait à ses deux clowns de faire plutôt de la musique. Une tarte à la crème et hop ! on passe au violon et à la trompette. Il me demanda de voir si on ne pouvait pas faire monter le niveau d'un cran. Je travaillai d’arrache-pied avec ces deux artistes qui se détestaient cordialement, comme tous les Augustes et les clowns blancs, mais qui faisaient preuve de bonne volonté. Et au bout de quelques semaines :

— J’ai peur !

— Tu as peur ?

— Oui, j’ai peur !

— Mais tu as combien peur ?

— Au moins six trouilles !

— Qu’est-ce qui te fait peur ? L’épée de Damoclès ?

— Non, les pets de Dame O'kless !

— Tu sais, c’est son foie qui…

— Mais non, c’est moi qui ai les foies !

— Tu as remarqué toutes les peurs commencent par fr : frousse, frayeur, frisson

— Oui, allez, et même froc, quand on a fait dans son pantalon. Je n’en peux plus, dépêche !

— Clic ! Claque !

— Mais pourquoi tu me tapes ? Et deux fois encore !

— Tu as dit : deux pêches.

— Non, j’ai dit dépêche !

— Deux pêches dans la figure ou la dépêche d’Ems, c’est pareil, puisque c’est un imbroglio diplomatique qui a déclenché la Guerre de 1870, n’est-ce pas les petits zenfants ?

La seule fois où le public a ri, c’était lors d’un gala pour un congrès d’historiens du XIXe siècle, sinon les sifflets fusaient de toute part agrémentés de commentaires : « On veut l’histoire du pot et de la diarrhée ! Pas des trucs à la mords-moi-le-nœud ! » Si je ne trouvais pas autre chose, ma carrière circassienne n’allait pas résister à ce désaveu du public. Pour rester au contact de Jerrycan, je fis donc une autre tentative. Nous, les gauchos, nous savons merveilleusement lancer le lasso et nous servir des *boleadoras*. J'imaginai alors un numéro avec un fouet. J'avais une assistante péruvienne, Riquita, qui me présentait, les bras tendus, un journal que je découpais en morceaux de plus en plus petits avec la mèche du fouet, puis de la même façon, j'éteignais une bougie qu'elle tenait dans sa main ou une cigarette qu'elle portait à ses lèvres. Malheureusement un soir, et parce qu'un clown facétieux mit le pied dessus, le fouet s'emmêla, la malchance s'en mêla : la mèche vint s'accrocher au fermoir du costume de Riquita qui était d'un seul tenant et qui se retrouva dans l'aire des trapèzes, et la pauvre assistante, de par ma maladresse subite, se retrouva complètement nue, déshabillée par le fouet, ce qui transforma un numéro pour enfants en scène sado-maso pour adultes consentants. Elle ne portait pas de dessous pour aller plus vite, car dans la suite du spectacle, elle était Ekaterina, l'assistante ukrainienne du magicien hindou. La salle hurla au scandale, le directeur du lâcher les lions dans la cage pour rétablir le calme, alors que Riquita (qui finalement était d'Abbeville dans la Somme) voulait tondre mon cheval pour me faire comprendre son humiliation. Après un tel fiasco, il ne me restait plus qu'à rentrer dans mon *rancho* avec si peu d'économies qu'il me faudrait encore attendre avant de changer mon fer à souder.

Mais surtout les voisins, peu ou prou au courant de mes mésaventures, se permettaient maintenant des réflexions à mon sujet. « Il est malade, ce type-là ! » C'est ce que j'entendais le plus souvent. Malade ? Les derniers amis que je conservais ne contredisaient pas le diagnostic vicinal. Alors, pris d'un doute, je trouvai un médecin à qui j'expliquai qu'un gaucho ne paie pas pour sa santé, sinon au prix du gigot de mouton. Le généraliste, sachant cela, me fit un discours on ne peut plus général :

Apparemment le monde est composé de trois types

d'individus. D'abord les hypocondriaques, ceux qui pensent être malades alors qu'ils ne le sont pas. Il y a aussi les négationnistes, ceux qui sont malades et qui ne le croient pas. Enfin, il y a les réalistes, ceux qui savent qu'ils sont malades et qui l'assument. Il y aurait bien une quatrième catégorie : ceux qui ne sont pas malades et qui pensent qu'ils sont en bonne santé. Mais ces derniers, compte tenu de la multiplication des pandémies et des psychothérapeutes, sont une infime minorité, une quantité négligeable.

Si on en revient aux trois sections principales, il s'avère que les seuls qui ne sont pas malades sont les hypocondriaques, or tous les médecins vous diront que l'hypocondrie est une maladie. En somme, le malade hypocondriaque pense qu'il est malade alors qu'il ne l'est pas, ce qui est très compliqué pour le médecin qui doit soigner ce patient atteint d'une pathologie qui lui fait croire qu'il n'est pas en bonne santé, parce qu'en même temps il ne peut pas le lui dire sans conforter chez l'hypocondriaque l'idée qu'il est malade. Et comme le médecin ne sait pas trop quoi faire, le malade se dit : « On devrait payer les toubibs quand on est en bonne santé, et arrêter de les payer dès qu'on tombe malade ; ils seraient plus motivés ».

Il existe également deux sortes de négationnistes. D'abord les négationnistes-autruches, qui refusent tout examen médical, qui ne veulent rien connaître de leur état de santé. Ceux-là évidemment ont peu de rapports avec le corps médical et relisent régulièrement les pièces de Molière, où les médecins de l'époque sont assez bien ridiculisés. Ensuite il y a les négationnistes-têtes de mule qui devant le diagnostic évident de la maladie tiennent les discours suivants : « Mais ça, c'est rien du tout ! Une grippette à la rigueur. Je me sens bien mieux qu'à vingt ans. Je vous enterrerai tous. La mauvaise herbe ne crève jamais. Je me porte comme un charme et je me charme comme une porte ! »

Mon père disait souvent : « Moi, je ne suis jamais malade ; j'ai pas le temps ! » Devant ce genre d'attitude, le médecin attend souvent que les symptômes un peu sévères se manifestent pour arborer un air de triomphe : « Alors, hein ? C'est qui qui avait raison ? » Mais l'autre a de la répartie, vous pensez bien : « Fallait pas vous déranger pour ça. Vous n'avez pas des malades à voir ? Ça fait juste un peu mal, mais j'en ai vu d'autres. Je ne vais pas en faire une maladie. Si je vous avais écouté, il y a longtemps que je serais mort ! »

Il reste les réalistes. « Je suis malade, je le sais, je me soigne, j'ai ma carte vitale dans ma poche droite. Je suis suivi. Je n'ai raté aucun examen. Le soir, par un temps de pleine lune, je regarde mes radios. Ma femme, mes enfants, mes parents, mes cousins, mes voisins, mes collègues savent que je suis malade. J'en parle ouvertement à table, pour expliquer pourquoi je prends des pilules roses et du sirop bleu. Je lègue mon corps à la science et mes médicaments à mes enfants. » Dans ce cas-là, le médecin peut tenir ces propos : « C'est vrai, vous êtes malade. Mais c'est un état transitoire. Vous allez guérir un jour. » C'est alors que le malade répond : « Ce n'est pas pressé, docteur. Au moins, là, je suis dans de bonnes mains. Si on veut guérir trop vite, il y a toujours un risque de rechute. Je sais bien qu'il y a des gens qui ne sont pas malades, mais je ne suis pas jaloux. Vous savez ce qu'on dit : si un jour je n'ai plus mal nulle part, c'est que je suis mort. En attendant, j'aimerais tant avoir cette maladie qui fait dire au médecin à vos proches : il ne lui faut aucune contrariété. »

En conclusion, il faut se dire que malheureusement, ces trois types, s'ils se rencontrent, ont peu de choses à se dire :

L'HYPOCONDRIAQUE – Je suis malade.

LE NÉGATIONNISTE – Moi non.

LE RÉALISTE – Moi si.

Il me réclama des côtes d'agneau dans le filet et une tape

dans le dos parce qu'il commençait à tousser. Je demeurai circonspect en rentrant dans la brume du soir et cela tourna la nuit au cauchemar.

Voilà que j'étais élève-infirmier pour échapper à la cavalerie yankee qui voulait m'enrôler de force. Oui mais, élève-infirmier dans un hôpital psychiatrique, entouré donc de malades plus mentaux les uns que les autres et d'infirmiers-chefs ivrognes et déments. Le seul moment agréable, me semblait-il, c'était quand je croisais l'infirmière du pavillon d'en face qui ne portait rien sous sa blouse comme Riquita. J'avais un énorme trousseau de clefs, car ce qui différenciait les malades des soignants, c'est que nous avions une blouse et des clefs. Des clefs qui ouvraient les portes, les fenêtres, les toilettes, enfin tout. À heures fixes, il fallait donner les médicaments pour abrutir complètement les fous qui avaient encore un peu de vie en eux. Comme ça, ils dormaient quasiment tout le temps et les infirmiers pouvaient jouer au baby-foot. Le soir, on regardait la télévision avec les malades les moins agités. Et voilà qu'un se met à crier : « Lazare s'est ouvert les veines ! Vite, il y a du sang partout ! » Mais l'infirmier-chef a dit : « Eh bien, il attendra la mi-temps. » (On regardait un match de foot ; je ne sais plus si c'était Nantes-Sochaux ou Independiente-River Plate). Et puis, je crois qu'on a oublié le gars à l'étage parce qu'il y en avait un autre qui s'était barré et qu'il fallait retrouver. Et voilà que dans mon rêve, on apprend qu'un flic l'a arrêté. Immédiatement on part avec la camisole de force et la camionnette spéciale. On arrive à la gendarmerie, on demande le gendarme qui a eu affaire à notre client.

GENDARME – Oui, je l'ai vu.

INFIRMIER-CHEF – Et vous ne l'avez pas arrêté ?

GENDARME – Moi, il m'a dit qu'il était échappé de l'asile, mais je ne l'ai pas cru. J'ai pensé que c'était un fou.

INFIRMIER-CHEF – Mais il fallait l'arrêter de toute façon !

GENDARME – Pourquoi ?

INFIRMIER-CHEF – Parce qu'il y a deux solutions et deux solutions seulement, comprenez-moi bien. Ou il est vraiment fou, et il faut qu'il aille à l'hôpital psychiatrique. Ou il n'est pas fou, mais à partir du moment où il vous dit qu'il s'est échappé de chez nous, vous devez le croire et donc l'arrêter.

GENDARME – Mais s'il n'est pas fou, qu'est-ce qu'il fait chez vous ?

INFIRMIER-CHEF – Faudrait plutôt vous demander qu'est-ce que vous foutez chez les gendarmes.

Bref, la situation s'est un peu envenimée, on n'a pas retrouvé le fugitif et il était maintenant trop tard pour le gars à l'étage. Une sale soirée, surtout que le match se terminait sur un triste 0-0. On n'avait pas encore tout vu. Un malade en permission revenait avec sa mère et c'était violent. Il fracassait contre les murs les paquets (biscuits ? saucisses ? tabac ?) que sa maman lui avait préparé pour la semaine et il hurlait : « Tu es la plus belle des salopes du monde entier ! Quand est-ce que tu vas crever, putasse de pétasse de mes couilles ! Et pourquoi tu me ramènes toujours dans ce hangar à foldingues avec ces fumiers qui me volent mes cigarettes et mes bonbons à la menthe ? Si j'avais voulu tout à l'heure je pouvais te déglinguer ta sale gueule avec ton fer à friser et j'ai encore eu la gentillesse de ne pas le faire ! Et toi, comme récompense, tu me ramènes ici ! T'es vraiment une belle enfoirée... » Et le chef a dit : « S'il dit enfoirée, c'est qu'il a fini. D'ailleurs, je trouve qu'aujourd'hui il est plus calme que d'habitude. En tout cas, il fait moins de grabuge. » Je crois que le chef disait cela pour rassurer la maman du permissionnaire qui maintenant urinait sur les paquets réduits en miettes. C'était le rituel du retour à l'hôpital ; après il se mettrait à pleurer. Le chef me fit venir dans son bureau pour m'expliquer que je ne faisais plus l'affaire. Il y avait dans mon comportement un certain manque d'esprit d'équipe, surtout quand trois infirmiers tapaient sur un malade nord-africain et que je me refusais à faire le quatrième. On peut tolérer un certain nombre de choses, mais il y a quand même des limites. Je crois que vous n'êtes pas fait pour ce métier, me disait-il, peut-être trop sensible, je ne dis pas homosexuel, mais faudrait voir de ce côté-là.

Je laissai ma blouse et mes clefs dans un coin, et je sortis dignement de l'édifice coercitif en vérifiant que la cavalerie yankee ne m'attendait pas. Puis, je rêvais que j'étais réintégré parce que le motif de renvoi n'était pas valable. Le grand patron de tous les chefs infirmiers me présenta même ses excuses au nom de tout l'ensemble hospitalier. Je répétais ce mot en sortant de son grand bureau tout en acajou jusqu'aux poutres apparentes avec les lampes en opaline et les tapis persans : hospitalier, hospitalier... Il me semblait que ça avait un autre sens, hospitalier, même si ça rime avec fou à lier. Comment interpréter ce rêve, me demandais-je dans mon rêve, alors que je tardais à me réveiller ? Je pense qu'être gaucho aujourd'hui en Picardie du Nord peut amener le sujet à un certain déséquilibre psychique qui se traduit par une crainte excessive de l'emprisonnement qu'il soit militaire ou médical. Quand on est né pour la pampa, et ces grands espaces de liberté, même si la vie y est rude, on ne supporte pas les quatre murs de quelque institution que ce soit. Alors l'enfermement physique dans un chapiteau de cirque ou mental dans un hôpital psychiatrique se renvoient l'un à l'autre dans les méandres d'un cerveau qui aspire avec une certaine radicalité à joindre dans un même souffle le vent majestueux du Rio de la Plata et l'exhalaison séculaire des naseaux criollos. J'essayais d'en savoir plus, mais je me réveillai définitivement.

4

Un jour, il m'a fallu gagner Buenos Aires et je craignais toujours ma rencontre avec la Ville. Je voulais passer un sacré savon à Julio Cortazar qui a écrit : « L'Argentine, c'est Buenos Aires ; le reste, c'est du paysage. » Pour qui il se prend celui-là pour faire une telle déclaration ? En somme, si on l'écoute, je fais partie du paysage. Si j'étais tombé dessus, il aurait passé un sale quart d'heure ; malheureusement on m'a dit qu'il habitait maintenant Paris. Alors c'est bien la peine de se monter le bourrichon avec B.A. si c'est pour se tirer à Paris ! Remarquez, il est bien où il est maintenant : je me souviens d'un livre intitulé « Paris et le désert français ». Un type a écrit ça en 1947 pour montrer qu'en dehors de Paris, c'est rien que des péquenots.

Ce qu'il y a de joli à Buenos Aires, ce sont les cimetières, du moins celui de La Recoleta. En fait, on a l'impression qu'il est habité parce qu'il est couvert de petites maisons finement (ou plus grossièrement sculptées) qui sont autant de pierres tombales. On passe de ruelle en ruelle. On oublie très vite que des personnes – disons surtout des personnalités parce qu'il faut les moyens pour se payer une telle éternité – sont enterrées dans ce jardin des délices. Eva Peron est très visitée, et nous les gauchos, nous la respectons. Elle est morte à 33 ans comme un autre quasiment aussi célèbre. Née dans la rue, elle a fini par acquérir 1596 paires de chaussures. Ce qui est normal : à force de battre le pavé, on se dit que mieux chaussée…

Mais la rencontre la plus étonnante, c'est avec Octavio, un gaucho reconverti en fossoyeur. Il avait gardé son pantalon bombacha. Je l'apostrophai en faisant attention à ce qu'il n'y ait aucune véhémence dans mes propos.

— Dis-donc, toi, c'est quoi cette déchéance ?

— Monsieur, il semble que nous n'ayons pas été présentés.

— Ah, tu ne vas pas me la jouer grand seigneur parce que tu habites la capitale !

— Et puis d'abord quelle déchéance ? J'enterre les gens, les plus grands, les plus petits, les plus vieux, les plus jeunes. Vous savez, le matin, quand je prends ma pelle, je commence par l'aiguiser comme un facon. Il faut qu'elle rentre dans la terre comme un cuchillo dans le ventre du jaguar. Et là, j'entre en contact avec les entrailles de la planète. Dans un premier temps, c'est vrai, c'est rien que de la terre. Mais ensuite, on passe dans une autre dimension. Il ne s'agit pas de planter des patates ou même un arbre. D'ailleurs la terre elle-même sait de quoi il va être question ; on la sent attentive, taciturne, taiseuse. Il s'en exhale un parfum de lit, tant il est vrai que Baudelaire avait raison : « Nous aurons des lit Pleins d'odeurs légères Des divans profonds Comme des tombeaux ». Baudelaire n'est pas ici, mais comment parler de déchéance à quelqu'un qui côtoie tous les jours Marcel Proust ?

— Comment Proust ? Enterré à La Recoletta ?

— La Recoletta ? Mais, mon vieux, nous sommes au Père-Lachaise.

— Nous sommes à Paris ?

Vous tombez des nues souvent comme ça ?

Comment ai-je pensé me trouver à Buenos Aires, alors que j'avais pris le train à Amiens pour la Gare du Nord... Il y a des mystères qui à force d'être approfondis en demeurent d'autant plus énigmatiques. J'étais venu pour aller à la C.R.G. (Caisse de Retraite des Gauchos). Je trouve l'adresse et je fonce avec métro, bus, taxi, car je ne veux rien négliger. Je trouve cette fameuse C.R.G. et j'entre sans fracas, laissant en entrant toutes mes envies de véhémence. J'ouvre la porte sans emportement.

Au 5, rue de la Loi, se trouve le siège. L'entrée est aussi belle qu'elle est sobre, avec deux lanternes de chaque côté de la porte. Il s'agit bien d'une caisse pour les Gauchos, puisque seuls les hommes sont admis. Les salons sont majestueux, d'une richesse un peu trop princière, qui fait douter que l'on utilise l'argent qui rentre à bon escient. Que l'on ne vienne pas me dire après cela qu'il ne reste pas un fond de tiroir pour payer ma retraite. Je tombe sur un espèce d'aristocrate qui se dit prêt à me renseigner. Je le suis dans son bureau tout en acajou d'exportation, avec les chaises qui vont avec, sans être pour cela plus confortables. La conversation s'engage.

— Cher Monsieur, je ne suis pas encore retraité, mais je viens me renseigner sur les formalités.

— Vous n'avez nul besoin, cher Monsieur, d'être retraité pour adhérer au C.R.G.

— Mais on ne peut être retraité que si l'on est retraité, n'est-ce pas ?

— C'est une tautologie.

— Je veux dire qu'il faut être retraité pour toucher sa retraite.

— Monsieur, je vous demanderais d'être plus concis dans votre demande, car je dois encore donner des ordres pour que l'on dresse la table dans la Salle des Caryatides.

— Pour adhérer à votre Caisse…

— En premier lieu, et pour votre gouverne, il ne s'agit pas d'une caisse, mais d'un Cercle.

— Un cercle, vous êtes sûr ?

— Vous êtes au Cercle Royal Gaulois, le C.R.G.

— Je ne savais pas qu'à Paris il y avait encore des cercles royaux.

— Mais nous sommes à Bruxelles, enfin !

Et c'est alors que je me suis souvenu qu'une fois dans la gare d'Amiens, j'ai eu un doute quand le train est parti. Il me semblait bien qu'il allait dans le sens inverse de la direction de Paris.

— Moi, je cherche la Caisse de Retraite des Gauchos, la C.R.G.

— D'où la confusion.

— Douce la confusion, vous devriez dire en français.

— Écoutez, comme je vous l'ai dit, je n'ai pas une seconde à moi, mais je vais vous laisser en de bonnes mains.

Et il me présenta à un petit homme en veston d'époque, sans qu'on puisse préciser laquelle, mais charmant, à ceci près que ses chaussures neuves craquaient sur le parquet ciré, ce qui fait qu'on n'entendait pas toujours ses fins de phrases. C'était Monsieur Van de… (je ne sais plus quoi)

— Alors comme ça, vous nous venez de la pampa !

— Picarde.

— Mais alors si vous êtes un Gaucho picard, c'est que vous êtes un Gaulois ! Bienvenu au Cercle !

— Oh là, n'allez pas trop vite en besogne, nous les Gauchos, nous avons des pantalons bouffants.

— Mais les Gaulois aussi !

— Nous n'avons rien à nous, si ce n'est un cheval et une selle. Et quand nous avons faim nous découpons le premier bœuf qui nous passe devant les naseaux sans nous préoccuper de savoir s'il a un propriétaire. Et nous n'avons qu'un mot, que nous répétons trois fois : Libertad ! Libertad ! Libertad !

— C'est tout à fait étonnant ce que vous nous contez, parce que, figurez-vous que les Gaulois que l'on prend pour des gens casaniers étaient à ce point épris de liberté qu'ils étaient capables d'avaler des kilomètres pour délivrer les victimes d'un tyran.

— Nous sommes un peuple batailleur, cyclothymique,

courageux, ironique, râleur, généreux, mais chauvin, actif, mais ombrageux, intelligent, mais farouchement individualiste, épris de prouesses et de gloire, sceptique devant les puissants, allergique au conformisme, farouchement attaché à son village et persuadé que rien au monde ne pourrait l'égaler, intrépide et superstitieux, enthousiaste puis découragé, sentimental et misogyne.

— Vous n'allez pas me croire, mais c'est exactement la définition du Gaulois, qu'Alain Duhamel donne dans son livre « Le Complexe d'Astérix ». Les Gaulois étaient (et sont encore) des espèces de Gauchos, des rebelles frénétiques. Des Gauchos avant la lettre. Et d'ailleurs, en 1927, Stanislas, le père de Goscinny est employé par la Jewish Colonization Association (JCA), destinée à aider et favoriser l'émigration des Juifs d'Europe ou d'Asie, notamment sur le continent américain. C'est à ce titre que les Goscinny partent pour Buenos Aires, en Argentine, où Stanislas est employé comme ingénieur chimiste spécialiste de l'agriculture dans les climats chauds. René Goscinny étudie dans les écoles françaises de la ville. Il passe ses grandes vacances en Uruguay, où il monte à cheval dans la pampa avec les Gauchos. Parallèlement, il publie ses premiers textes et dessins dans *Quartier latin*, bulletin interne du collège français de Buenos Aires. Il ne quittera l'Argentine qu'en 1945.

— Le problème de l'Argentine, ce n'est pas d'en partir, c'est d'y rester. Moi-même, tout Gaucho que je suis, je n'y suis pas resté ; je n'y suis même jamais allé.

— Cher Monsieur, je mesure la profondeur de votre chagrin.

Je suis sorti de cet endroit avec la seule satisfaction de savoir précisément la profondeur de mon chagrin. Pour le reste, je restais dans l'incertitude quant à mon présent de Gaucho et à mon avenir de retraité. Ce qui est sûr tout de même, c'est que, quelle que soit la démarche que j'entreprenais, à un moment donné, il serait question de l'Argentine ou au moins de sa capitale.

Pourtant j'avais bien l'impression que ce Belge m'avait bourré le mou avec son Gaulois copie conforme du Gaucho. Il y avait certes des ressemblances, mais enfin il n'y a plus vraiment de Gaulois aujourd'hui, tandis que nous, nous sommes toujours là, et bien là. Et surtout il s'est bien gardé de le dire : les Gaulois ne buvaient pas de maté.

5

La situation devenait difficile, délicate. Les gauchos picards étaient de moins en moins considérés, au point qu'on finissait par douter de leur existence. Le taureau venait se frotter contre la jambe du cavalier comme le ferait un chat en mal d'affection. Les boleadoras, ce fouet si utile pour attraper un jeune cheval au galop ne servait plus que d'accessoires pour danses folkloriques. On les faisait résonner sur le plancher pour accompagner le gratouillage des guitares. J'allais quitter la ville pour d'autres horizons, pour des contrées où j'espérais trouver un reste de sauvagerie. C'est alors que j'avisai une affiche : « Les Indiens picards à la Lune des Pirates ». Mon sang ne fit qu'un tour : des Indiens et des Pirates, on ne pouvait rêver mieux. Certes, mes ancêtres n'avaient pas eu que de bons rapports avec les Indiens, mais c'était juste parce que de temps en temps on empruntait leurs femmes. Je me disais que même s'ils n'avaient jeté leur rancune à la mer, nous pourrions au moins discuter du bon vieux temps. J'arrivai dans ce vieux quartier Saint-Leu et je tombai nez à nez avec le dénommé Paul Boissard (drôle de nom pour un Indien, mais pas pour un Picard, était-ce un escroc ?). Au début de la conversation, je fis tout mon possible pour me montrer aimable.

— Vivan los indios picardinos !

— Pardon ?

— Oui, je sais que nous les gauchos nous n'avons pas toujours été corrects, mais c'est de l'histoire ancienne, n'est-ce pas ?

— Moi, je n'ai jamais eu à me plaindre.

— Tant mieux, et aujourd'hui dans cette région hostile à toute entreprise d'envergure, il faut se serrer les coudes.

— Si on pouvait se serrer autre chose, ça m'arrangerait, parce que le coude, je préfère le lever.

— Pourquoi ? C'est un signe de ralliement ?

— Si tu veux, mais en général, nous on lève le coude pour boire un coup. D'ailleurs, j'ai soif, je t'offre un verre.

— Mais je ne peux pas entrer là-dedans avec mon cheval !

— Et pourquoi pas ? Écoute cette chanson et tu verras que si, il peut entrer :

Le cheval de Don Juan

Oh vous qui crevez de soif ce soir,
écoutez bien ce qu'un vieux cheval ivre
a sur le cœur et comme il s'en délivre
en chantant pour vous aider à boire.
Quand Don Juan m'acheta un bon prix
à un riche maquignon de Castille,
c'était surtout pour séduire la jeune fille
dont j'étais le cheval favori.
Quand elle vint me faire sa dernière visite,
raide et maudissant son père,
don Juan lui promit de ne plus faire l'affaire
et séchant ses larmes la séduit si vite
Qu'ils firent l'amour dans l'écurie
puis s'enfuirent en me fouettant sans trêve
vers un couvent où elle attend et rêve
à mon maître le reste de sa vie.

Et voilà ce que disait la fin :

Ce soir y'a un bal au café des chevaux
et un cheval saoul dort sur le comptoir
personne ne saura la morale de l'histoire :
Ce soir y'a un bal au café des chevaux.

En fait, c'était une sorte de payador, en tout cas, c'est comme ça qu'on appelle chez nous les poètes et les musiciens ambulants qui s'accompagnent d'une guitare. Le gaucho et le payador sont généralement inséparables, mais lui, il avait déjà sa bande d'une dizaine d'Indiens blancs comme des cachets d'aspirine qui n'auraient jamais vu le soleil. Quant aux pirates qui tenaient le bar, ils voulurent me faire payer alors qu'on nous avait invités moi et mon cheval. C'en était trop. Il fallait partir et dire adieu à la tour Perret. Un déchirement. Autant la cathédrale, ça ne me faisait rien de l'abandonner à son sort séculaire, autant pour la tour Perret j'avais une sorte de tendresse. Ce building dingue, à la fois carré et hexagonal, et qui ressemble à la fusée de l'album de Tintin « Objectif Lune », que l'on a qualifié en 1952 de premier gratte-ciel de France m'émeut toujours quand je sors de la gare.

Je m'en retournai donc dans mon pueblo, Tuerie sous Clermont, qu'on écrit sur les panneaux Thury-sous-Clermont, pour ne pas affoler la population. Et là, avec quelques chevaux de ma connaissance, je me suis refait une santé. Quelques enfants souhaitaient monter les chevaux et je leur dispensais un enseignement succinct, mais suffisant pour profiter de promenades calmes. Je demandais cinq pesos, si je me souviens bien, une misère, mais cela n'empêcha pas les impôts de s'y intéresser. Et puis, un jour, une femme est venue m'agresser verbalement parce que sa fille, en montant à cheval, avait perdu sa chaîne en or. Une autre fois, une adulte a été emmenée par sa monture sous un pommier et elle s'est retrouvée dépoitraillée par les branches en essayant de se sortir de là. Il y a une logique biblique dans cette affaire : la pomme et la tenue d'Eve... Mais enfin, toutes ces historiettes finirent par me fatiguer, et les chevaux aussi. Nous sommes donc ensuite restés entre nous. D'autant que le voisinage était parfois irrespirable. Des Parisiens à ma gauche qui soignaient leur jardin avec la méticulosité d'un numismate asthmatique. Lors d'une de nos nombreuses algarades, l'élément féminin de ce couple au sourire en forme d'harmonica m'a sorti une des plus belles phrases que j'aie jamais entendues : « Monsieur, nous sommes plus nombreux que vous au cimetière ! ». Elle voulait sûrement exprimer par là sa supériorité naturelle dans ce village. Et maintenant, ils ont rejoint leur majorité tombale pour arriver à un nombre impossible à dépasser.

— « Vos chiens ! Vos chiens se sont encore sauvés ! Ils viennent manger la tambouille du mien ! Ils me sautent dessus comme si j'étais en chasse ! C'est la troisième fois qu'ils renversent ma poubelle, la troisième fois ! Ils font aboyer mon berger allemand pour rien. À cause d'eux, il se fatigue la voix inutilement ! J'aime pas ça ! » Les plaintes venaient de partout concernant nos chiens, qui avaient, c'est vrai, l'habitude de faire un tour dans le village. Mais ils le faisaient avec une telle bonne humeur, sans jamais aucune intention de nuire, que, ma foi, nous avions bien du mal à les dissuader. D'ailleurs, si vous punissez un chien à son retour de ripaille, la fois suivante il hésitera à rentrer, c'est humain. Quand nous renforcions notre vigilance sur nos cabots, ce sont les oies qui allaient se faire une indigestion de choux dans un jardin de l'autre côté de la rue, ou la chèvre qui allait cueillir les fruits d'un rosier en n'en laissant que les racines.

Nous les Argentins, nous n'avons pas peur de l'adversité, mais il y a des limites. Comme tout gaucho trotskiste, j'ai pensé à l'exil. Une fois de plus… Nous sommes prédisposés à l'exil en réalité, puisque nous n'avons rien. (Il est vrai que j'avais toutefois un peu plus de livres qu'un gaucho classique.) Alors, partir… revenir… repartir… Une vie d'errance. L'Argentin ne réussit que s'il quitte son pays, que s'il réussit à quitter son pays.

C'est pourquoi je n'avais pas pris la peine de naître là-bas. Si quelqu'un demande à la cantonade : « C'est à vous cette valise ? », un Français ne répondra même pas, un Américain se dira que s'il n'y en a qu'une seule, ce ne peut être à lui, un Argentin se retournera toujours, pour voir si un Chilien ne va pas la voler. Les valises d'aujourd'hui sont de petits coffres-forts sur roulettes. Un enfant de cinq ans peut les mouvoir sans s'émouvoir. D'un petit doigt savant, il fait rouler dans l'aéroport, le regard haut, la démarche prétentieuse, son caisson aérodynamique.

6

Quand on est choisi par l'exil, on n'a pas le choix sur son lieu d'atterrissage. Je ne pouvais plus aller à l'Ouest sans tomber dans la mer et retourner en Argentine. Alors l'Est. Ça commence à Strasbourg et ça ne finit jamais. La tournée DADALAND m'emmena en Allemagne, en Hongrie et finalement en Roumanie pour y retrouver Tristan Tzara, l'enfant de Moinești. Il y avait là-bas un petit monument à sa mémoire, avec un médaillon. Et aussi une librairie « Tristan Tzara » où l'on ne vendait pas ses écrits, mais du papier-toilette. En Roumanie, à cette époque, tout ce qui était papier était vendu en librairie. Et enfin, Iași, où je posai mes valises. Pourquoi la Roumanie, pouvait-on se demander. En fait, il s'agissait d'un jumelage entre les gauchos et les haïdouks (haiduc en roumain). C'était des bandits de grand chemin en Europe du Sud-Est, principalement dans les Balkans sous domination ottomane. Panaït Istrati a conté les aventures d'une troupe de haïdouks des bouches du Danube : menés par le géant Cosma, ils ont un mode de vie nomade, s'adonnent à la contrebande, harcèlent les caravanes et abordent en lotca les caïques des marchands turcs, redistribuent le tissu et les outils à la population, utilisent l'argent volé pour corrompre les hommes de garde et ceux chargés de les poursuivre, pêchent, chassent et élèvent chèvres et moutons, s'allient parfois aux Saracatsanes et aux Rroms, et ont pour devise « la liberté ou la mort » (ελευθερία ή θάνατος, slobozirea sau moartea) : il n'y a pas de vieux haïdouk, presque tous meurent violemment… mais d'une mort choisie.

On ne pouvait trouver meilleur compagnonnage. Le

problème, c'est qu'ils sont aussi difficiles à trouver en Roumanie que les gauchos en Argentine. Toutefois, ayant pris d'assaut le Centre Culturel français, je fus reçu par le maire, Constantin Simirad, qui appréciait mes exploits et qui venait de fonder le Parti des Moldaves. Je lui expliquai qu'avec 20 000 hommes, on pouvait récupérer toute la Besarabie de Cernauţi et jusqu'à Chişinau, reformer la Grande Moldavie et se séparer de Bucarest (qui n'est qu'un sac d'embrouilles, à ce qu'il disait). En cas de victoire, je ne lui demandais que le titre honorifique de Grand Vizir. Pendant quatre ans, il hésita. Et enfin de compte, il accepta un poste d'ambassadeur à Cuba ; il allait se former aux idées du Che et il reviendrait avec un plan précis pour l'édification de la Grande Moldavie. Avant de partir, il me donna l'ordre d'envahir Tataraşi (qui n'est qu'un quartier de Iasi). On conçoit bien ma déception de revenir à un assaut si modeste, mais je faisais comme on dit en roumain, « haz de necaz » (contre mauvaise fortune, bon cœur) d'autant que j'avais avec moi une équipe d'envergure et que Iaşi est la ville des poètes. Et puis, pour bien comprendre les hésitations de Simirad, il faut savoir (et les documents qui sont encore aujourd'hui « secret défense » le montreront dans les années à venir) que Jacques Chirac avait eu vent de notre projet, qui ne lui plaisait pas du tout. Il aurait dit à ses collaborateurs qu'il ne se voyait pas, à l'âge qu'il avait, réapprendre toute la géographie des Balkans qu'il avait déjà eu tant de mal à ingurgiter quand il était à l'ENA. Il avait eu ce mot définitif : « Que la Moldavie reste où elle est ! Et que le facteur reste sur son vélo ! » Bref, nous étions surveillés et je ne pouvais parler en toute sécurité avec le maire de Iaşi que dans sa voiture. À l'ambassade de France, j'étais suspect parce que j'avais appris le roumain, ce qui ne se faisait pas à l'époque. On me demandait à quoi ça pouvait bien me servir ; je répondais que c'était pour faire les mots croisés dans les journaux locaux. Nous étions là, dixit l'ambassadeur, pour que les Roumains apprennent le français, et non l'inverse.

Pourtant Mihai Ursachi avait tout compris de nos projets :

Nous, le Grand Turc
de la Mélancolie entière,
Empereur de la Solitude d'en Haut et d'En Bas,
détenteur
absolu du Royaume Langueur
et Prince Seigneur
de la Tristesse,
donnons savoir à tous qui aurez ouï
l'ambassade de notre messager nommé Ménestrel.
Fait ce jour en la cité Chagrin

De mon palais à Copou au Théâtre National « Vasile Alecsandri », en passant par les poètes Ursahi, Brumaru, Ivanescu, Vasiliu, tout est magnifique ! On a dit du théâtre de Iași qu'il est le deuxième d'Europe pour sa beauté ; mais on n'a pas encore trouvé le premier. Un théâtre à l'italienne, signé Helmer et Fellner, deux architectes viennois. Entouré par l'équipe étonnante, remarquable du Centre Culturel, il me restait la crainte de finir ankylosé par la beauté. Non, mais écoutez-moi ces vers d'Emil Brumaru :

T'avais les cheveux longs jusqu'au nadir
Tu pendais depuis là jusqu'en terre
Je pensais caresser ton corps de lumière
Tes seins timidement les quérir
Aux cuisses fermées me prosterner
Les toucher ravi de leur blancheur
Par la fleur du lys de la vallée

En m'agenouillant les enlacer
Puis comme un papillon périr
Porté par le vent sinon par l'heure
T'avais les cheveux longs jusqu'au nadir
Tu y pendais depuis jusqu'en terre...

Alors pendant quatre ans, tout en complotant avec Simirad, pour donner le change, j'ai organisé spectacles et fêtes de la musique, un festival Don Juan, des expositions et une grande pièce multilingue au Théâtre National que mon ambassadeur – Son Excellence en personne – a daigné venir voir. Vous me direz : où est le gaucho dans tout ça ? Où sont les haïdouks ? Eh bien, tout de même, j'ai emmené les Tziganes de *Zece Prajine* au Théâtre National pour qu'ils jouent dans le spectacle *Lunaria*. Or les Tziganes, ce sont bien les derniers haïdouks, n'est-ce pas ? En tout cas, ça doit être vrai, parce qu'on en a causé dans le Landerneau moldave ! Et d'après ce que je sais, ça ne s'est pas reproduit. Et d'ailleurs les musiciens tziganes ont gardé ces soirées en mémoire et quand je suis parti de Iași, ils ont joué pour moi sur le quai de la gare jusqu'au départ du train.

Nous faisions en ce temps-là quelques incursions en Ukraine pour voir Tchernivtsi (Cernauți en roumain – la ville qui a changé trois fois de nationalité en soixante ans) ; mais aussi Chișinau et Balți en République Moldave. Tout cela était bien sûr interdit par nos autorités françaises, mais j'ai voulu rendre hommage à Prokofiev avec la pièce « Le lieutenant Kijé ». S'est élancé un convoi de Iași à Balți, auquel il ne manquait que les auto-mitrailleuses. Officiellement, c'était pour voir la pièce de théâtre que j'avais montée là-bas, mais dans ma tête, c'était un exercice pour voir avec quelle facilité on pouvait s'enfoncer dans les lignes adverses. Un exercice concluant.

Pourtant nous étions loin encore de nos objectifs, il faut bien le reconnaître. Et souvent, dans la torpeur de l'automne...

Tu, care iubeşti toamna,
te bucură, e toamnă,
fără-ndoială toamnă
şi toamna a venit.
Toi, qui aimes l'automne,
réjouis-toi, c'est l'automne,
l'automne sans aucun doute
et l'automne est arrivé.

… sous une treille de raisins qui crevaient d'envie de se faire déguster, je me récitais ces vers de Cezar Ivănescu :

! mă voi pierde : şi port în gură limba amară:
un infinit de trupuri albe
mi-am amintit
pe-al căror pîntec am sperat să-mi aşez
tronul unui ideal de perfecţiune !

Je vais me perdre : et j'ai dans la bouche une langue amère :
une infinité de corps blancs
je me suis souvenu
sur quel ventre j'ai espéré m'asseoir
trône d'un idéal de perfection !

Bien sûr, le risque était grand. Nous pouvions être trahis par une simple maladresse. Il fallait prévoir de s'échapper au cas où l'ennemi nous encerclerait. Et c'est là qu'un hasard objectif se mit sur notre route. Un soir que nous dinions au restaurant Bolta Rece (la *Voute Froide*, car c'est dans un sous-sol que se passent les meilleurs repas, avec violons et tympanon), le patron nous a fait visiter ses caves qui s'étendent sur trois niveaux. Arrivé au bout du souterrain, je constatai qu'un éboulis obstruait le reste du chemin. On me confirma que l'on pouvait quitter la ville discrètement en remettant quelques pierres et cailloux à leur place initiale. C'est ce qu'ont toujours fait les habitants de Iași quand ils étaient en danger d'invasion : sortir par les souterrains et gagner une des sept collines qui entourent la cité. Pour revenir ensuite quand l'ennemi se sera dit : « Tiens, c'est curieux, il n'y a plus personne ».

Évidemment il fallait se retrousser les manches pour que le passage soit de nouveau ouvert. Ce n'était pas facile, en réalité car nous nous retrouvions avec des couches de craie et nous pataugions dans la boue et la chaux. Heureusement Lucian Vasiliu est venu nous aider :

Il est bien à sa place le poète,
dans une fosse pleine de chaux-
heureux il chante
dans le chœur des chérubins

il rêve de l'étreinte
d'une douce hétaïre
sur le chemin du soir

J'avais, du reste, moi aussi ma douce hétaïre et son étreinte faisait effectivement rêver. Les amours d'exil sont un luxe, mais n'étais-je pas Hannibal à Capoue ou à Copou, alors que mon maire-ambassadeur se la coulait douce à Cuba ? Treize ans de délices, mais aussi d'affrontement verbal et linguistique avec elle. Treize ans, il fallait bien ce que ce soit quelqu'un de bien.

Un soir j'avais étalé une carte bésarabienne pour comprendre comment on pouvait le moment venu faire la jonction avec les Gagaouzes de Transnytrie. Il faut savoir que ces gens-là sont turcophones et que par exemple ils disent « Okul » pour dire « Ecole », ce qui complique encore les relations. Nous attendions que Simirad donne des signes de sa formation che guevariste. Nous commencions à avoir des doutes, car nous l'avions vu, dans le journal local, bronzer au bord d'une piscine, mais enfin le bonhomme est tellement sympathique et finaud qu'on pouvait s'attendre à tout. Et ce soir-là précisément on vient nous apporter de sa part un paquet. Aussitôt mon service de sécurité est sur le qui-vive et dit : qui-va -là ? Le colis suspect ne présentant aucun danger en définitive fut ouvert et on découvrit qu'il s'agissait d'une boite de cigares. Quelques gauchos de parmi nous s'offrirent de les fumer, mais je leur dis qu'ils étaient certainement bourrés de microfilms qui nous seront de la plus grande utilité. On commence à dépiauter les cigares, rien dans le premier, rien dans le deuxième, non plus dans le troisième, ni dans les autres… La déception au ventre, il nous fallut reconstituer et raccommoder comme on pouvait les havanes, mais avec la meilleure volonté du monde, ils étaient devenus impossibles à consommer, même pour un grand fumeur.

7

Et c'est dans cette ambiance de préparation de manœuvre pour instaurer la Grande Moldavie que nous avons manqué de vigilance. Mon commando était en repérage et jusqu'ici il n'avait jamais été inquiété, mais la trahison veillait de son œil noir. Alors que je devais rencontrer des chefs gagaouzes acquis à notre cause, des éléments incontrôlés m'ont intercepté et je fus emmené dans un camion militaire pour une destination inconnue. J'avais certainement été drogué, en tout cas on m'a refusé du maté, ce qui est un manque notoire de courtoisie. En Argentine, péronistes et radicaux partagent le maté sans se poser de questions. En été et en hiver. C'est la même chose que nous soyons victimes ou bourreaux, bons ou mauvais. J'arrivais donc dans une zone de non-droit qui pratiquait la barbarie de vous refuser un maté. Quand je me réveillai de tous ces sévices, je m'aperçus que mes kidnappeurs n'avaient pourtant aucune intention malveillante si ce n'est qu'ils comptaient bien me garder pendant un certain temps. En tout cas, c'est ce que je déduisis de leurs conversations dans une langue que j'avais du mal à identifier. Quelques heures plus tard, cependant on m'offrit un vrai repas et au café, le chef des ravisseurs me fit l'honneur d'une visite.

— Bonsoir, petit vizir.

— Vous savez qu'on ne doit pas humilier un prisonnier. Convention de Genève, article 125.

— Mais en quoi êtes-vous prisonnier ? Nous savons que vous aimez la pampa et qu'est-ce qui ressemble plus à la pampa que les grandes steppes ukrainiennes ?

— Ainsi…

— Oui, vous êtes à Kiev.

— C'est charmant, mais peut-on connaître le motif d'une telle prise d'otage ?

— Vous aviez l'intention d'annexer Tchernivtsi (que vous appelez illégalement Cernauți) et sa région dans votre grand projet, et vous devez bien comprendre que cela ne pouvait nous convenir.

— Alors maintenant ?

— Maintenant vous êtes assigné à résidence ici et on vous a trouvé un emploi, qui n'est pas un emploi fictif à l'Institut français d'Ukraine.

— Bon, puisque je n'ai pas le choix… Mais je serai donc privé de vos grandes plaines fertiles…

— Pas du tout, car vous serez responsable également des vingt-trois Alliances françaises réparties dans tout le pays.

— Et vous n'avez pas peur que j'en profite pour quitter subrepticement ce joli endroit ?

— Nous avons votre passeport et notre police a fait ses preuves. Une tentative d'évasion, on en réchappe rarement dans nos contrées…

— De toute façon, diriger un Institut, ce n'est pas pour me déplaire.

— Ne parlez pas trop vite. Votre supérieur hiérarchique est un homme à nous. Et j'ai la conviction qu'il vous donnera une petite idée de l'enfer.

Sur ces belles paroles, je fus épousseté et conduit chez l'ambassadeur qui était au courant de toutes ces salades et qui me faisait un clin d'œil quand les autres ne regardaient pas. Quelques jours plus tard, je rencontrai mon chef, l'attaché culturel. Lui aussi me faisait des clins d'œil, mais c'était involontaire car il était affligé d'un tic assez prononcé qui s'accentuait quand il s'énervait, à un point qu'on avait l'impression qu'il était flou. En revanche, ses mauvaises intentions étaient claires. Il y a des gens comme ça qui savent joindre l'inutile au désagréable. Il lui fallait toujours plus de rapports, de dossiers, de documents comptables. Et quand il n'en avait pas reçu assez, il se plaignait amèrement lors de la réunion du mercredi en présence de l'ambassadeur :

— Il n'a pas préparé l'annexe au budget prévisionnel. Et j'attends toujours par retour de mail les réponses aux questions que je vous ai posées ce matin à 6 heures.

L'ambassadeur me grondait un peu, mais c'était surtout pour faire plaisir à l'autre. Toujours est-il que c'était un véritable harcèlement. Dès que je prenais la moindre initiative, c'était aussitôt une foire d'empoigne. Heureusement je devais aller visiter les Alliances françaises et c'était alors un grand bol d'air pur. En Crimée notamment, mais aussi à Donetsk. Il m'arrivait d'apercevoir la pampa ukrainienne, mais seulement par le hublot de l'avion ou de mon compartiment feutré quand je prenais le train. Il fallait néanmoins que je sois rentré impérativement pour la réunion du mercredi autour de l'ambassadeur.

— Monsieur l'attaché pour l'agriculture vous avez la parole.

— Monsieur l'Ambassadeur, la situation ne s'est pas améliorée depuis la dernière fois. Nous avons un déficit en blé qui atteint les treize mille tonnes et les vaches ont moins vêlé que l'an dernier. Il va nous manquer des veaux et certainement aussi des porcs, mais je n'ai pas encore les chiffres, car c'est l'incurie dans les services agricoles comme vous savez.

— Bien, Monsieur l'attaché militaire, avons-nous du nouveau ?

— Oui, Monsieur l'Ambassadeur, les manœuvres conjointes avec le régiment français se passent dans un esprit…

comment dire…

— Un esprit de solidarité.

— Exactement, Monsieur l'Ambassadeur, vous avez toujours le mot juste, la formule idoine.

— Monsieur le conseiller commercial, c'est à vous.

— Alors nous avons quelques projets d'implantation de firmes françaises notamment à Odessa et à Lviv. J'attends des précisions, mais il semble que ce serait une fabrique de plastique à Odessa et une usine pour le bois à Lviv. Le directeur de Plasticoco est venu me voir et il me demande une aide de l'ambassade, seulement il s'agit de promouvoir des préservatifs, alors je me demande si un peu de réticence ne serait pas de mise.

— Oui, ça demande réflexion. Bien, nous avons terminé.

— Mais…

— Ah oui, j'allais oublier. On a encore la culture. Monsieur l'attaché, nous vous écoutons.

— Comme les semaines précédentes, le directeur de l'Institut n'a pas préparé l'annexe au budget prévisionnel. Et j'attends toujours par retour de mail les réponses aux questions que je vous ai posées ce matin à 6 heures.

— Donc, il n'y a rien de nouveau ?

— Non, Monsieur l'Ambassadeur.

— Alors pour cette fois nous allons surseoir à condamner l'impéritie de notre directeur de l'Institut.

Progressivement, cet homme me déposséda de tout ce qui faisait l'intérêt du métier. Je restais néanmoins en relation avec le maire de Iași, Simirad, qui certains jours acceptait la situation et d'autres fois voulait mettre sur pieds une opération de sauvetage par des parachutistes. Le plan était bien conçu, mais nous ne savions pas qu'il y avait un traître à la Municipalité, un certain Gheorghe Nichita, dont il faudra bien reparler. Ce dernier avait intercepté nos microfilms cachés dans des boites de caviar et avait prévenu l'ambassade de France à Kiev, qui avait fait poser des filets de protection au-dessus l'Institut français, comme on le fait en France pour les prisons à haut risque.

Je n'avais pas plus de réussite avec les Alliances françaises que, du jour au lendemain, je n'avais plus de droit de visiter. L'Institut français n'était plus pour moi qu'un bunker, dont il avait d'ailleurs la pesante architecture.

C'est alors que je me souvins du Général de Gaulle. Quand il était à Londres, il avait initié une émission « Les Français parlent aux Français » sur les ondes de Radio-Londres. La radio allait être mon alliée et mon espoir. J'avais mon émission « Paroles et Musiques » dont le générique était *la Marseillaise* de Gainsbourg, tous les jeudis à 15 heures, et chaque semaine de plus en plus d'auditeurs, ce qui comblait le directeur de la station Radio-Nova, qui m'offrait le champagne à la fin de chaque émission. J'avais un invité, en général un ambassadeur, ce qui faisait que j'étais intouchable sauf à générer un conflit mondial, car j'ai reçu aussi bien Son Excellence d'Italie que celle d'Algérie, du Brésil ou du Japon. Il faut savoir que la plupart des ambassadeurs parlent français (et souvent ils sont très fiers de parler notre langue ; je comptais beaucoup sur cette vanité), et comme c'était une émission francophone, tout allait bien. J'ai bien entendu reçu l'Ambassadeur de France ; c'était un peu plus guindé, parce que les diplomates français se croient toujours sous Louis XIV. Mais enfin il s'est détendu vers la fin de l'émission et m'a fait un clin d'œil qui n'était pas repérable à la radio. Voilà notamment la fin d'une de mes chroniques radiophoniques alors que je recevais l'Ambassadeur de Roumanie :

« La culture, la vraie, pas celle des citations et des récitations, la culture n'est ni un jeu de société, ni une rente ; c'est une générosité, une remise en question permanente, un combat quotidien contre l'imbécillité (au sens latin de ce qui est faible). La culture n'a rien à vendre ; au contraire, elle donne à voir, à écouter, à lire, à ressentir… Nous sommes dans une région du monde où l'on se pose beaucoup de questions. *La culture*, me disait un de mes interlocuteurs en Roumanie, *on l'a eue pendant cinquante ans, à quoi ça nous a servi ?* Mais ce n'est pas la faute du phare si le rafiot était pourri. »

Toujours est-il que j'étais intouchable au moins pendant mon heure hebdomadaire de radio, d'autant plus que l'émission était en direct et que l'on ne pouvait jamais savoir ce que j'avais préparé. L'autre s'excitait, augmentait la fréquence de ses tics, voulait convaincre l'ambassade qu'il fallait me retirer ce micro. Mais l'audience et la qualité de mes invités empêchaient que l'on m'empêchât. Et puis, le grand avantage de parler à la radio, c'est qu'on peut y avoir un langage codé :

« Qu'on rebouche ce champagne et qu'on se débouche les oreilles !

Qui veut noyer son chien l'accuse de la nage.

Pour un bouilleur de cru, combien qui prêchent dans le désert ?

Une e-rondelle ne fait pas un rouleau de printemps.

La mer Morte est malade ; c'est qu'elle va mieux. »

Bien sûr, le décodeur professionnel a du travail quand il reçoit de tels messages, mais le lendemain il pouvait transmettre à Constantin Simirad :

« Ne touchez pas au champagne offert par Nichita et attention aux microphones sous le bureau.

L'attaché culturel est déchaîné, ou alors il a détaché sa chaîne. (Il y a souvent deux interprétations possibles).

Dans bouilleur de cru, il fallait entendre brouilleur de culs évidemment, alors ça tombe sous le sens.

Il fallait remplacer bien sûr tous les e, par hi.

Unhi hirondhille nhi fait pas un roulhiau dhi printhimps. Ce qui donne en français contemporain :

Unis, nous irons par milliers, ne t'en fais pas, ça roule ma poule : dix imprimés à temps.

Quant à la dernière phrase : « La mer Morte est malade ; c'est qu'elle va mieux », elle n'est là que pour dérouter le contre-espionnage.

De son côté, Simirad avait bien travaillé. Il avait besoin de moi pour tenir le quartier Tatarași depuis le palais de l'Ateneu. Alors, il a fait jouer les relations qu'il avait dans le milieu diplomatique, depuis qu'il avait été ambassadeur à La Havane, et il réussit après des mois de tractation à ce que je sois échangé contre un Ukrainien que l'on avait surpris en train de donner des informations selon lesquelles les Ceaușescu n'étaient pas morts, mais qu'ils vivaient dans un ranch en Argentine où ils élevaient des nandous. Bien sûr, tout n'était pas réglé pour autant. Certes l'attaché-case culturel voulait me voir quitter mon poste, mais pour la prison ou l'hôpital. Il fallait faire vite. Tout devait se jouer à l'aéroport de Boris-Paul. Sur mon passeport j'étais Boris et l'espion ukrainien était Paul. Nous sommes passés par le portique de sécurité et j'étais devenu Paul et l'autre Boris. Une fois dans l'avion, je poussai un ouf de soulagement. Je ne le savais pas, mais l'ignoble attaché a tâché de me faire accuser de trafic de drogue ; on a découvert juste après mon départ deux kilos de cocaïne fraîche, cachés dans la doublure de mon fauteuil si bien rembourré. Heureusement j'en avais fini avec lui, qui trépignait sur le tarmac de l'aéroport en criant alternativement en russe et en ukrainien : « Rendez-le-moi ! Rendez-le-moi ! » Отдай его мне ! поверни мені !

À Iași, pas de fanfare ni de fanfaronnade, juste un maire droit dans ses bottes et moi qui lui étais éternellement reconnaissant.

8

J'étais donc revenu à mon point de départ balkanique. Mais j'avais maintenant mon petit palais : l'Ateneu. Le gros œuvre était terminé, mais à l'intérieur, c'était encore le vide. Tout était encore à investir : salle de spectacle, bibliothèque, salle de danse, etc. Néanmoins, je n'attendis pas la fin de tous les travaux, et je commençais par prendre l'espace avec une troupe impétueuse. J'espérais une aide précieuse de celui qui m'avait sauvé des griffes ukrainiennes, et je me rendis à la Mairie. Mais voilà, le maire, ce n'était plus Constantin Simirad qui, comme je l'ai expliqué, avait été nommé Excellence à Cuba. C'était Gheorghe Nichita. Et tout de suite, le courant est mal passé.

— Monsieur le Maire, je voulais vous inviter à visiter notre exposition sur le Chat Botté.

— Non merci, j'ai pas le temps pour ce genre de bagatelle. Vous croyez vraiment qu'un maire d'une ville de 400 000 habitants va se déranger pour voir un chat, botté ou pas ?

— Mais monsieur Simirad, lui…

— La ville n'avait pas encore 400 000 habitants quand il a été élu maire. D'ailleurs il est dans une petite ambassade, à Cuba. C'est un homme qui commence petit. Tout ce que je voulais vous dire c'est que je ne veux pas d'ennuis avec la périphérie de la ville. Alors, faites ce que vous voulez, mais je ne veux pas de vagues, de bruits, de scandales, de coups fourrés. Et puis, n'oubliez pas de déneiger votre parvis, ce n'est pas à nous de le faire, compris ?

— Mais nous sommes en août !

— Je vous dis cela parce que je n'ai pas l'intention de vous revoir avant le printemps. Joyeux Noël.

Puis il me congédia tout aussi aimablement. Bref, mon sentiment était qu'il y aurait des attaques sournoises et qu'il fallait transformer mon palais en fortin. Bien obligé : j'étais venu voir un allié et je me retrouvais avec un ennemi. En fait, au début, c'était fort calme. Il m'ignorait complètement selon la philosophie qu'il m'avait exposée. Et puis, il savait aussi que le « Che » Simirad, tout en étant à La Havane, avait quelques oreilles qui traînaient dans le quartier tatar. Évidemment, il y eut bien quelques escarmouches. La police montée contre nos valeureux cavaliers. Mais ce n'était la plupart du temps que de l'intimidation. Il ne faut pas oublier non plus que l'Ateneu était la résurrection de l'Ateneu Popular de l'avant-guerre, c'est dire que j'étais aussi protégé par la population. La presse de Iași clamait que ce serait un échec, que personne ne se déplacerait sur cette colline de réprouvés que hantait une communauté tzigane, qu'il n'y avait même pas de moyens de transport pour s'y rendre la nuit. Or, très vite, il est venu du monde. Pas spécialement pour nous soutenir, mais par plaisir.

Mais au bout de quelques années d'indifférence partagée, le choc fut frontal. L'assaut fut mené avec les forces ecclésiastiques qui agitaient des gourdins en forme de croix. Le général Ion Sapdaru tenait le parvis et chargeait de temps à autre en criant : « Morți și Vii ! » que l'on peut traduire par « Mort ou vif ! » Il me fut d'un grand secours lors de toutes ces batailles. Un jeune français avait aussi imaginé et construit sur le balcon de l'Ateneu des pigeons géants qui lâchaient des fientes gigantesques sur les assaillants. Mais le maire ne désarmait pas. Il organisa une croisade ; il fallait récupérer cette terre sainte que le diable occupait. Pour les guerriers et les religieux du XIe siècle, la guerre contre l'« infidèle » est une guerre juste. Et nous étions en plein XIe siècle ! Saint Augustin dès le IVe siècle admet qu'après l'échec d'une conversion pacifique il est nécessaire d'utiliser la force militaire. Il me fallait vaincre les ennemis de l'extérieur et aussi les traîtres à l'intérieur. Le responsable de notre trésor fut de ceux-là. Non seulement, il dilapidait nos devises, rognait pour ses besoins personnels l'or que nous avions pris lors de nos campagnes victorieuses, mais au moyen d'un système ingénieux de fumée de tabac, il renseignait le clan adverse sur ma position géopolitique. C'est ainsi que je reçus un couteau venu d'une fenêtre qu'il avait sciemment laissée ouverte. Je pris le coup dans le dos. Avec un courage que même mes ennemis ont qualifié d'admirable, j'arrachai le poignard d'un mouvement précis et vigoureux, ce qui n'était pas commode car cela aurait plus facile si je l'avais reçu dans le ventre, on voit mieux ce qu'on fait. Mais le coup peut être alors plus dangereux. Cette fois, la lame n'avait atteint aucun des organes vitaux. Cela me faisait une cicatrice de plus, ce qui m'embêtait un peu, car les femmes n'en finissaient plus de les compter au lieu de me consacrer leurs temps langoureux. Quand je récupérai cette arme blanche, rouge de sang, je constatai que sur le manche était écrit : « De la part de toute la Roumanie chrétienne ».

Après une convalescence rapidement menée à son terme, je repris le combat incessamment. Quand on aperçut du haut de la métropole mon fier destrier et moi qui bravais tous les dangers, le maire se dit qu'il était peut-être temps de changer de tactique. Il voulut faire appel au jugement de Dieu pour me dégager de mon bastion. Une guerre judiciaire se préparait. De mon côté, j'avais un défenseur qui était une sorte de Jeanne d'Arc, ou plutôt une Sainte Jeanne des Abattoirs, mais qui surtout connaissait parfaitement la cuisine législative divine. Et un beau jour, nous fûmes conviés par Saint-Pierre ; Dieu nous attendait. Il nous attendait, moi j'étais là, mais le maire n'est pas venu, sûr qu'il était que Dieu allait me foudroyer pour mes actes sacrilèges. « Vous croyez vraiment qu'un maire d'une ville de 400 000 habitants va se déranger pour voir un dieu, botté ou pas ? » Mal lui en a pris : Dieu ne considéra pas cela comme une offense personnelle, il est un peu au-dessus de tout cela, mais tout de même : « Je me dérange bien, moi, pour un maire d'une ville de 400 000 habitants ! » Bref, c'est clair qu'il avait quelques griefs contre moi, mais la non-venue du maire fit mauvaise impression. Toujours est-il que, contre toute attente, le jugement de Dieu me fut favorable. Nichita fut irritable pendant plusieurs jours, il paraît même qu'il jura et parjura, mais, entêté comme un ver de terre qui veut percer le macadam, il refit un autre procès et cette fois il était mieux armé et plus présent. Dieu l'écouta avec une patience d'ange, puis il écouta mon avocate. Moi, je ne disais rien, j'admirai la sérénité du Ciel où des séraphins serraient finement des séraphines. Puis, le verdict tomba :

— Attendu que j'ai attendu le maire la dernière fois, le gaucho est acquitté.

Dieu est comme ça : il ne faut pas lui chier dans les bottes. À peine étions-nous redescendus sur terre, les journalistes et photographes m'attendaient et firent de moi le héros du week-end. Un peintre fit mon portrait. Un livre sortit dont j'étais l'auteur. J'avais bien mérité quelques heures de sommeil, et c'est alors que je fis ce rêve.

J'avais monté une pièce LES ÉVANGÉLISTES, très inspirée de Cioran et écrite par Alina Mungiu-Pippidi. Les deux églises, orthodoxe et catholique, se mettent d'accord sur un texte qui condamne fermement mon initiative, jugée diabolique, et demandent aux autorités locales d'interdire le spectacle. Les prêtres lors du sermon dominical demandent aux fidèles de ne pas aller voir LES ÉVANGÉLISTES. Je refuse, bien entendu, de céder aux pressions et la pièce se joue déjà six fois, devant des salles combles (plus de 1500 spectateurs au total) sans compter que nous refusons chaque soir entre 100 et 150 personnes. Devant le théâtre se réunissent des séminaristes à genoux dans la neige et des membres du Parti Conservateur avec des bougies, mais sans agressivité. Le scandale prend des proportions locales, puis nationales, puisque notamment Vadim Tudor, le Le Pen roumain, déclare qu'à cause de cette pièce un tremblement de terre a eu lieu dans le département voisin. Un gros propriétaire de club de football, Gigi Becali, intervient une heure et demi à la télévision nationale pour insulter l'auteur (« déréglée hormonale »), le metteur en scène (« homosexuel », ce qui est une insulte forte dans sa bouche) et les acteurs (« macaques »). Monsieur Becali incite également les supporters de son club – Steaua Bucarest – à provoquer des violences lors des représentations. A partir de là, le scandale s'amplifie chaque jour et le gouvernement est même interpellé à la Chambre des Députés pour qu'il fasse interdire les représentations. Le Maire de Iasi, dont dépend l'Ateneu, a d'abord pris en considération les protestations, déclarant qu'il ne fallait pas que je cause en Roumanie les mêmes émeutes qu'en France. Puis, il a pris une attitude de réserve et il n'est jamais intervenu. La presse se déchaîne et chaque jour il y a eu des articles favorables ou très hostiles. Je suis menacé par téléphone, sur internet où on me « traite » notamment de juif, de hongrois, de pédophile avec une tête d'éboueur alcoolique et j'en passe. On demande aussi aux autorités que je sois déclaré personna non grata sur le sol roumain. Puis, je reçois dans une enveloppe un couteau dessiné et signé « de la part de toute la Roumanie chrétienne », ce qui fait que je suis en permanence protégé par la police.

Ce rêve, heureusement, n'avait qu'un rapport lointain avec la réalité de ce que j'avais vécu. Néanmoins, je considérai qu'il était peut-être temps d'aller planter mes choux et ma tente ailleurs, de retourner à ma pampa picarde. Les adieux à la Moldavie furent émouvants. De grands bataillons venaient de toute part me faire les honneurs de leurs régiments. Mais j'avais besoin de solitude. Vêtu d'un poncho que j'avais noué à la hauteur du troisième bouton de ma chemise en toile, une peau de mouton sur ma selle, des jambières en cuir sauvage descendant aux chevilles, les étriers chaussés au trois quarts, le regard ailleurs, je galopais une dernière fois le long du fleuve en saluant de mon chapeau en feutre noir. La crinière au vent de mon criollo préféré faisait penser aux prémices d'un incendie de forêt. Les bergers me reconnaissaient et venaient m'apporter quelques bouteilles de Cotnari et de Feteasca negra, un peu de fromage et du raisin. Un troupeau d'oies concurrençait les moutons et les chèvres pour la tonte du pré. Au loin, les ours et les loups aiguisaient leurs canines pour une soirée carnassière. Plus tard, le soir, alors que je revenais en ville, trois Tziganes traversent la rue loin de tout passage piétonnier. Une voiture passe à toute allure et le conducteur, pour les effrayer davantage, use de son clackson comme si des chiens se trouvaient sur la voie publique. Une des Tziganes remonte alors sa robe et lui montre son sexe. Mais tout est normal. Pour le Roumain, il est honteux de montrer et pour la Tzigane, il est honteux d'avoir vu. La honte est partagée à parts égales.

En Roumanie, tout ce qui est interdit est toujours un peu permis. C'est déjà mieux que dans d'autres pays où tout ce qui est permis est toujours un peu interdit.

Élections municipales. Rien que des affairistes qui s'affrontent. On nous assure qu'ils ont acquis leurs fortunes sans enfreindre la loi. Je préférerais qu'ils aient volé. Se constituer légalement et en quelques années de tels patrimoines me paraît bien plus inquiétant.

J’ai perdu un pays dans un verre d’eau.
à Lucian Vasiliu

Le pays s’est dissous sans mot dire.
Je n’ai pas bu l’eau troublée.
J’ai levé le verre devant la fenêtre.
Dans le liquide qui n’était plus de l’eau
s’agitaient des formes étranges,
mais pas du tout étrangères.
Une odeur, un parfum de Roumanie...
La tête me tournait délicatement.
Une poussière se formait à la surface,
la même poussière que j’ai encore
dans les cheveux et les sourcils.
Puis l’odeur se fit âcre, farouche.
Le verre faillit m’échapper des doigts.
À travers le liquide brouillé, un pope,
une fille nue souriant à un peintre naïf,
une fanfare sur un quai de gare,
des chevaux tirés par des carrioles
et un théâtre de quartier assiégé.
Un cri venait de l’intérieur du mur.
Les oreilles me faisaient mal.
le verre me coupait la main,
les visions me tiraient des larmes.
Monastères hantés et hantise des moines.
Des enfants de la rue, pas même tziganes,
s’abandonnaient dans les égouts.
Tout semblait perdu, définitivement.
Comme un œuf que la poule suicide
par lassitude et par caprice
et qui éclate, éclabousse les bottes
du paysan jamais rassasié.
Plus rien de solide dans le liquide,
et plus de poètes pour m’expliquer
pourquoi la nuit était tombée si vite.

9

Mais comment quitter un tel pays ? « Pe-un picior de plai, pe-o gură de rai... » Les pieds sur la plaine, la tête au ciel... Cette balade « mioritique »[1] de Vasile Alecsandri hantait mon esprit sur la longue route qui me menait de Iași à la frontière hongroise. Route d'autant plus longue que j'avais entrepris de ne quitter la Roumanie qu'à reculons. Aussi avais-je convaincu un paysan de me vendre sa « caruța », sa charrette si l'on préfère. Et pour que ce soit encore plus interminable, j'avais attaché mon cheval à l'arrière et c'est un bœuf qui tirait la carriole. Alors évidemment, quelle que soit la magnificence du paysage, on n'est pas rendu comme on dit en Patagonie. Comme l'habitacle était relativement spacieux, surtout pour une seule personne, je me suis mis à classer mes caisses de livres sur des étagères adéquates, bref je transformai la caruța en bibliothèque ambulante. Ce véhicule inédit avait une certaine allure, il faut bien le dire, principalement quand je débarquai à Bălțați, où je voulais faire mes adieux à un vieil ami, le peintre naïf Gheorghe Ciobanu.

Malheureusement, il était parti faire le peintre naïf dans je ne sais quelle conurbation, lui qui avait dessiné le monde comme un village tout rond. Je me contentai d'observer la maison qu'il avait construite toute en bois et sans un seul clou. Il m'avait

[1] « Mioritique » vient du nom d'une ancienne balade, « Miorița », qui est à l'origine du mythe de la perfection spirituelle présent dans la culture roumaine. Lucian Blaga (philosophe, écrivain) appelle « espace mioritique » l'alternance des vallées et des collines de l'espace géographique du pays.

expliqué que le moindre bout de fer dans la charpente aurait perturbé son équilibre intérieur. Et puis, quand le bœuf reprit son allure indolente, très lente même, je décidai de commencer mes lectures, maintenant que ma bibliothèque était bien ordonnée. Mais par lequel de ces livres commencer ? C'est toujours un dilemme. Le sort aurait à en décider. C'est quand même stupide d'avoir en permanence le hasard à portée de main et de n'en rien faire. Pour ce faire, j'avais besoin d'un jeu de cartes, d'un dé et d'une roulette. En effet, je disposais dans ma librairie roulante de 52 étagères de chacune 6 rayons de bas en haut, et sur chaque rayon 36 livres. Il me suffisait donc de tirer une carte, de jeter le dé et de lancer la bille de la roulette. C'est ainsi que le valet de pique m'emmena à l'étagère n° 37 (13 pour carreau, 13 pour cœur et 11pour pique) qui est celle consacrée à la poésie contemporaine roumaine. Puis le dé avec un 1 me désigna le tout dernier rayon et la roulette que le balancement de la carriole prolongeait délicieusement finit par s'arrêter sur le 23. Or le vingt-troisième volume, c'était un recueil du poète de Iași Emil Brumaru et le hasard qui ne fait jamais les choses à moitié me fit tomber sur un poème en particulier :

Chant naïf

Tu as un corps tiré d'une musique
délicate de flûte
c'est pourquoi tes fesses
ce sont elles que je regarde

Aussi longues soient elles
aussi fendues qu'elles soient
elles sortent doucement de ta robe
au bord du lit

Et comme la honte sur les joues
tes fesses deviennent
plus rouges que la fleur
rouge du coquelicot...

C'était tiré d'un recueil intitulé en français « D'une épluchure de carotte ». Sur la première page, je relus la dédicace : « Benoît Vitse, que j'aime tant, en passant près d'Apollinaire, prie-le, s'il te plaît, de faire en sorte que nous nous promenions tous les deux dans Paris. Je t'embrasse, l'ange Emil Brumaru, 6 mai 1998 » et tout cela agrémenté d'un petit dessin de son style. Je n'ai pas pu hélas exaucer son vœu, mais il faut reconnaître qu'avec un tel chant on peut voyager. En fait, mon plaisir de roi fainéant, mais après tant d'exploits j'avais bien le droit, je le trouvais bien supérieur à l'attitude affectée d'une certaine littérature du XIXe siècle. Je pense en effet que le Des Esseintes de Huysmans qui s'enferme et qui veut malgré tout aller en Angleterre sans y arriver toutefois aurait savouré l'idée de voir le paysage changer si subtilement tout en ayant l'impression de rester sur place. Et Raymond Roussel aurait mis toute sa vie avant d'arriver en vue du Japon...

Et c'est alors que j'entendis ce dialogue, un peu dérangeant quand on veut lire, entre le cheval derrière et le bœuf devant.

— Tu ne peux pas aller plus vite ?

— Pourquoi faire ?

— J'ai les pieds qui vont prendre racine à cette allure-là.

— Dis donc, tu sais combien de livres je transporte ? 11 232 !

— Et alors ?

— Eh bien 11 232 livres, ça fait 5 616 kilos, si je ne m'abuse.

— Tu es vraiment un « bou », comme on dit en roumain ! Ce ne sont pas des livres de boucher, ce sont des livres de libraire. Et dans ce cas-là, deux livres, ça ne fait pas un kilo.

— Ah ? Évidemment, toi tu es derrière, tu vois mieux les choses.

— Je sais surtout faire la différence entre un livre et une livre. Bon, maintenant que tu sais que c'est moins lourd que tu pensais, tu ne peux pas aller un peu plus vite ?

— D'abord, retire ce que tu as dit.

— Qu'est-ce que j'ai dit ?

— Tu m'as traité de bou.

— Mais bou, c'est bœuf en roumain !

— Oui, mais j'en ai assez d'entendre toute la journée en Roumanie : « Ai parcat ca un bou ». Tu t'es garé comme un bœuf, autrement dit comme un con. Je précise pour ta gouverne que je ne me gare pas comme un bou, mais comme un bœuf civilisé, comme un bœuf européen quoi.

La discussion s'envenimait lentement, et je pensai qu'il vaudrait mieux, alors que nous avions dépassé Târgu Frumos depuis longtemps, délivrer l'un et l'autre pour qu'ils puissent prendre leurs aises. Le cheval se contenta d'un canter de galop comme nous le faisons dans la pampa pour restituer à son corps la notion de vitesse, car le cheval vit de la vitesse comme la tortue de sa lenteur. Le bœuf trouva dans son seau de quoi satisfaire sa curiosité culinaire et reconstituer les forces millénaires de l'animal emblématique de la Moldavie ancestrale. Quant à moi, je m'efforçai de trouver un gîte et on m'avait dit que les monastères étaient accueillants. Je frappai à la porte majestueuse du « Mănăstirea Miclăuşeni » dont on n'ouvrit qu'une petite trappe.

— C'est pour quoi ?

— C'est pour dormir.

— Mais ici on ne reçoit que des ecclésiastiques.

— Ce n'est pas grave, je suis comédien. Je peux jouer tous

les rôles.

— Entrez.

Installé dans une prairie de l'ancien domaine Sturdza, ce monastère date de la seconde moitié du XVIIIe siècle ; situé à proximité immédiate du château, il a été marqué ainsi par de nombreux événements historiques. Bien qu'il accueille un nombre assez important de visiteurs, attirés principalement par le château, le monastère n'a pas l'air aussi florissant qu'on pourrait s'y attendre. Il y a encore du travail sur l'esthétique et l'équipement pour attirer les fonds des pèlerinages. Mais on y dort bien quand même.

Le lendemain, le bœuf était en pleine forme et le cheval de meilleure humeur. Tout allait donc pour le mieux quand, à quelques kilomètres de Fălticeni, une roue de ma carriole rendit l'axe. Descendu en toute hâte, je ne pus que constater les dégâts. Bien sûr, un gaucho en a vu d'autres, et je me préparai à réparer. Mais il fallait commencer par soulager la voiture en enlevant les bibliothèques, ce qui prit un certain temps, sous le regard amusé de touristes qui prenaient quelques photos dérisoires. Et quand je dégageai la roue incriminée, je m'aperçus que les rayons avaient été sciés sciemment. Un sabotage en bonne et due forme. Rétrospectivement, j'eus même quelques sueurs froides en pensant que si le bœuf avait dépassé les soixante kilomètres/heure, cela aurait pu tourner au drame. Mais qui donc pouvait en vouloir à un gaucho sur le retour d'âge, devenu colporteur en bouquins ? Visiblement, cela dérangeait quelqu'un que j'arrive à Fălticeni. Je me saisis d'un bois dur de hêtre pour remettre ma roue en forme circulaire, aidé en cela par un pâtre qui avait l'habitude des accidents de char et de sculpter son bâton de berger. Il me fut d'une grande utilité soulevant toute la carriole sans faire le mariole, mais en la faisant peser sur ses épaules comme Jean Valjean. Je me souvenais du texte de Victor

Hugo :

« Javert continua :

— C'est la force. Il faudrait être un terrible homme pour faire la chose de lever une voiture comme cela sur son dos.

Puis regardant fixement M. Madeleine, il poursuivit en appuyant sur chacun des mots qu'il prononçait :

— Monsieur Madeleine, je n'ai jamais connu qu'un seul homme capable de faire ce que vous demandez là.

Madeleine tressaillit.

Javert ajouta avec un air d'indifférence, mais sans quitter des yeux Madeleine :

— C'était un forçat. »

Et s'il était un prisonnier échappé, ce berger dont je ne perçois dans le lointain aucun ovidé lui appartenant ? me dis-je, sans le quitter des yeux moi non plus. Et ayant lu dans mon regard argentin que je savais tout de lui, l'individu décampa sans demander son reste alors que je m'apprêtais à le gratifier d'un pourboire substantiel.

Mais cela ne résolvait le problème de cette attaque sournoise de chariot. Je résolus de me dissimuler dans les bois, de laisser mon chariot remonté en bibliothèque bien visible et d'attendre. Ce ne fut pas trop long. Une voiture Dacia sport s'arrêta à proximité. Le chauffeur en descendit et il inspecta la roue qui avait été réparée. Il portait un tee-shirt sur lequel on pouvait lire : « Keep calm and love Sibiu ». Je sortis alors de ma cachette.

— C'est du beau travail, me dit-il

— Du beau travail, le sabotage ou le raccommodage ?

— Les deux.

— Vous venez explicitement de vous dénoncer pour cet acte de brigandage ?

— Écoutez, on va s'entendre.

— Ça m'étonnerait.

— La personne qui m'envoie ne tenait pas du tout à ce que vous vous rendiez à Fălticeni.

— Mais qu'avez-vous donc contre Falticeni ? C'est une ville dont toute la Roumanie s'enorgueillit puisqu'elle a vu naître dans ses murs proportionnellement plus d'écrivains, d'historiens, d'artistes qu'aucune autre ville roumaine.

Et je citai : Enache Gane, Costache Gane, Maria Cantacuzino, Nicolae Istrati, Nicu Gane, Ion Creangă, Nicolae Beldiceanu, Mihail Sadoveanu, Ion Dragoslav, Anton Holban, Horia Lovinescu, Vasile Lovinescu, Nicolae Labiş, Vasile Savel, Nicolae Jianu, Mihail Şerban et Grigore Ilisei, sans oublier Monica Lovinescu et Matei Millo.

— Justement, me répondit mon interlocuteur, je suis envoyé par quelqu'un qui vous veut du bien et qui voudrait que vous passiez par Sibiu. C'est Sibiu, désormais, qu'il faut voir. Sibiu, c'est le Fălticeni d'aujourd'hui. Ce monsieur qui est en même temps directeur du théâtre de Sibiu, mais aussi un peu chef de la police locale, ce monsieur a tout fait pour que Sibiu ait le plus grand festival de théâtre, pour que Sibiu soit Capitale européenne de la Culture, et vous voudriez passer par Fălticeni ? Mais quelle erreur et quelle ingratitude ?

— Je passe par Fălticeni, parce que c'est ma route.

— Oui, par Sibiu, c'est un peu plus long, mais il n'y a pas d'accident qui retarde les accidentés.

— Sache, mon petit vieux, qu'un gaucho ne se déroute pas. Et puis, tu vois qu'il peut y avoir des accidents sans blessés, et tu aurais dû prévoir qu'il pouvait y avoir aussi un blessé sans accident.

Là-dessus, je l'empoignai vivement et je le pris à la gorge. Il manquait d'étouffer, alors je lui cassai juste un bras pour qu'il revienne à Sibiu avec un certain retard qui me permettrait de passer sans encombre par la route du nord.

— Et bien le bonjour à Constantin Chiriac !

— Le reste de la route se fit sans autre problème. En dehors de la beauté des paysages et de la qualité de mes lectures, la subtilité du dialogue qui se poursuivait entre le bœuf et le cheval donnait à ce périple un accent d'épopée christique, sauf que c'était un cheval au lieu d'un âne.

— Qu'est-ce que tu en penses, toi le cheval, de la visite du pape en Roumanie ? Cette visite sera marquée par le thème pastoral « Cheminons ensemble. », c'est pourquoi je te pose la question.

— Tu sais que c'est un pape argentin ?

— Oui, il s'appelait dans le civil Jorge Mario Bergoglio, et alors ?

— Le soir même de l'élection du pape François, le grand hebdomadaire mexicain « Proceso » s'interrogeait sur ses liens avec la dictature militaire au pouvoir en Argentine entre 1976 et 1983. « Bien qu'il n'existe aucun document qui prouve ses liens avec cette dictature, certaines victimes de la junte affirment sans conteste que Jorge Mario Bergoglio soutenait le régime », écrit Proceso.

— Jorge Mario Bergoglio, lui, a toujours nié une quelconque implication, affirmant au contraire qu'il avait aidé de nombreux opposants à fuir le pays.

— Le pape François ne s'est cependant jamais caché de ses prises de positions conservatrices. En 2010, il condamnait fermement le gouvernement argentin pour avoir légalisé le mariage et l'adoption pour les couples homosexuels, dans une lettre adressée aux responsables épiscopaux de Buenos Aires. L'homosexualité « est une machination du Diable pour chercher à tromper l'esprit des enfants de Dieu », écrivait-il, comparant cette loi à « une guerre menée contre Dieu ».

— Ouais, ouais, bon, c'est un pape, quoi…
Quand deux bêtes comme celles-là se lancent dans une discussion théologique, il arrive un moment où vous ne pouvez plus suivre. Surtout qu'ils se battaient à coup d'encycliques que je n'avais pas lues. Alors, pour éviter le mal de tête, j'ai pris « Pif le chien », qui eut un tel succès en Roumanie que les bandes dessinées là-bas se sont longtemps appelées des « pifuri ». Tout cela parce que le parti communiste français, qui avait pris en main la revue, avait inondé le parti frère de Roumanie de numéros de Pif-Gadget, qui proposait toutes les semaines un nouveau gadget, comme les « Pifitos », des pois sauteurs vivants du Mexique.

— Non, mais tu sais ce qu'il lit, notre conducteur de char à bœufs !? Pif-le-chien !

— La Roumanie est un pays où systématiquement le conducator est illettré.

Mais quand j'y repense…

Quand j'y repense…
à tous ces pays, paysages
à tous ces coins perdus
à tous ces livres trouvés

Quand je replonge
dans les souvenirs sépias
où les langues se délient
et se relient à l'aube

Quand je retrouve
le goût du borsch rouge
et du jus de bouleau
dans un verre en bois

Quand m'apparaissent

les draps jetés au sol
les lits déshabillés
et les jambes infinies

Quand je me souviens
des blagues sur le Conducator
des poèmes sur les murs
et des fanfares tziganes

Quand je me revois
dans ces confins changeant
devant les postes de douane
des monnaies improbables

Quand je ferme les yeux
et que monte la fièvre
des chercheurs d'orient
des dénicheurs d'oiseaux

Alors je sais que j'ai vécu
dans un temps suspendu
les yeux suivant au loin
une étoile sous la terre.

10

On n'entre pas en Hongrie avec un char à bœufs. Les douaniers étaient formels : ici c'est l'Europe de la modernité autoroutière, et non l'Europe du Moyen Âge. Je savais que les adieux de mes deux quadrupèdes allaient être déchirants. Il était assez facile de rencontrer du côté d'Oradea un paysan qui trouverait bien un moyen d'utiliser cet attelage, mais calèche faire de tous mes livres ? C'est alors que je tombai sur Augustin, un camionneur belge et amoureux des belles lettres qui se rendait à Liège. Seulement il fallait lui trouver un immigré francophone capable de lui faire la lecture durant le trajet. Un jeune homme faisait du stop à la frontière et nous lui avons proposé le marché ; seulement c'était un Syrien, qui parlait assez bien le français, mais qui était incapable de lire Proust avec cet accent du Limbourg auquel Augustin tenait tant. Après bien des tentatives infructueuses, se présenta à nous Enzo, un Italien qui vivait justement à Verviers et qui pratiquait l'accent sans se forcer. On lui mit le marché en main : tu lis pendant qu'Augustin conduit. Enzo se retrouvait dans la peau de Shéhérazade et craignait qu'à la moindre interruption, à la première quinte de toux, la portière du 36 tonnes ne s'ouvrît pour le précipiter sur le bas-côté, juste là entre la vie et la mort. Mais il s'avéra qu'Augustin était plutôt du genre à lui offrir de temps en temps quelques Shéhérazades de bières belges. Et le camion s'éloigna en même temps que les premiers mots de « La route des Flandres » de Claude Simon : *« Il tenait une lettre à la main, il leva les yeux et me regarda puis de nouveau la lettre puis de nouveau moi, derrière lui je pouvais voir aller et venir passer les taches rouges acajou ocre des chevaux qu'on menait à l'abreuvoir... »*

Rassuré sur le bon emploi et la bonne livraison de mes livres, je repris le mien, de cheval, et je passai fièrement la douane devant des douaniers qui n'aiment guère être regardés de haut. C'est pourquoi ils exigèrent tous les certificats de santé et de vaccinations de ma monture. Malheureusement pour eux, tout était en règle malgré leur infinie minutie bureaucratique. Mon hongre entrait donc en Hongrie et j'étais déjà loin quand les gabelouches s'aperçurent que mon cheval avait crotté sur l'aire réservée aux limousines du Corps diplomatique.

Diplomate, je ne l'étais plus, mais j'avais tout de même gardé ce passeport-sésame. Quand il y avait un contrôle, en me voyant à cheval, les autorités n'en croyaient pas leurs yeux et vérifiaient tout de suite la validité de mon passeport en le passant dans toutes les sortes d'engins qu'elles avaient reçus pour Noël. Sous la lumière bleue de leur appareil, mon document était véridique et un douanier se dévouait pour me le rendre avec les salutations d'usage. Alors les douaniers se demandaient si ce n'était pas le cheval qui était un faux. C'est vrai que je n'ai pas encore parlé de mon cheval, Brasca, et c'est tout de même un comble pour un gaucho, mais c'est lui qui ne tenait pas à ce qu'on parle de sa vie privée : « C'est ton bouquin, me confia-t-il un soir, je n'ai pas à y jouer un rôle envahissant. Et pour ne rien te cacher, je prépare également un ouvrage, et je n'aimerais pas que tu déflores les sujets qui vont intervenir dans mon espace littéraire. » Soit, mais pour traverser la grande plaine hongroise, il faut bien s'occuper un peu. Alors, je vais parler un peu de lui ; je n'entrerai pas dans les détails, et lui a admis la chose, n'étant pas un mauvais cheval. En fait, ce qui ne lui plaît pas du tout, c'est qu'on dise – ce qui est pourtant la stricte vérité – qu'il est arrivé en France comme viande de boucherie. Une cargaison de chevaux criollos destinés à l'abattoir. Et puis, voilà qu'un metteur en scène, Dominique Durvin (qui avait monté « Le pain dur » juste pour faire un chiasme) se dit qu'il lui faut cinquante chevaux (et des chiens danois, des moutons, des chameaux) pour que l'on restitue La Chanson de Roland à la France et à l'Univers. Pour bien comprendre, il faut savoir que cette chanson de geste est l'équivalent de notre Martin Fierro en Argentine, c'est tout dire. Le résultat n'avait pas été à la hauteur des espérances du créateur, mais il mettait tout sur le dos de la France et de l'Univers qui l'avaient déçu au plus haut point. Il n'en reste pas moins que, si on se place du point de vue chevalin, Dominique Durvin peut être qualifié de Juste de la Nation, car il a sauvé d'un affreux carnage une cinquantaine de bêtes. Brasca, toujours brave, sortit lui aussi de l'expérience un peu meurtri. Une lésion à l'antérieur droit le fit boiter un bon moment. Ce fut ma chance : personne ne voulait acheter un canasson claudicant. Ensuite, ce fut un long travail de remise en condition et en confiance. Justement, au début, il ne se confiait pas ; il répondait à peine à son nom et aux questions. Puis, il se livra un peu plus, en concédant quelques remarques pas toujours plaisantes sur ma façon de monter. Et puis un soir, nous sommes devenus *amigos para la vida*, ce qui est quasiment intraduisible en français. Et ce soir, alors que nous nous abreuvions au lac Balaton, nous eûmes une discussion de fond.

MOI – Qu'est-ce que ce serait pour toi le gaucho du XXIe siècle ?

BRASCA – On ne peut pas esquisser une réponse plausible si on ne revient pas aux racines historiques. Le gaucho fut d'abord la figure des classes populaires.

MOI – Mais aussi un hors-la-loi, un outlaw.

BRASCA – Parce qu'il fut très vite une voix s'opposant aux puissants, c'est devenu une figure rebelle qui se soustrait à la loi imposée à ceux d'en bas et qui dénonce les injustices. Au

XIXe siècle, le gaucho sortait son couteau contre les policiers et les soldats. Il donnait la mort aux représentants d'un État inique.

MOI – Oui, mais par la suite, le gaucho est devenu un héros national luttant pour l'indépendance.

BRASCA – Mais ça, c'est à cause de Leopoldo Lugones, un intellectuel de droite, qui a voulu faire du gaucho l'emblème de l'élite argentine.

MOI – Seulement après lui, la droite conservatrice et traditionaliste a utilisé le gaucho comme rempart contre le cosmopolitisme représenté par les immigrés, les anarchistes, les socialistes, les communistes.

BRASCA – Oh, mais la figure du gaucho est bien plus complexe et difficile à récupérer par les nationalistes. N'oublions pas que Martin Fierro était un déserteur, que l'armée est décrite comme corrompue et qu'il n'est jamais question de patriotisme.

MOI – N'empêche qu'on s'est servi du gaucho dans tous les milieux et qu'on lui fait dire ce qu'on veut. Pour une certaine élite, c'est le type même de l'Argentin.

BRASCA – Là encore, il y a une escroquerie intellectuelle. L'Argentin, pour ces gens-là, est blanc, quasiment européen. Et le gaucho est sinon noir, du moins basané, métis, voire indien.

MOI – On a dit toutefois que les gauchos étaient purement d'ascendance hispanique et qu'il n'y avait jamais eu de croisements avec les Amérindiens.

BRASCA – C'est une sottise. D'autres, comme Lugones, ont reconnu le caractère métissé des gauchos, mais ils affirment que cela n'a pas laissé de traces biologiques chez les Argentins d'aujourd'hui. Encore une autre sottise. On a voulu blanchir le gaucho, mais le gaucho ne se laissera pas blanchir.

MOI – Mais, dis-moi, Brasca. On ne va pas discuter toute la nuit. Demain, j'ai de la route à faire, et toi aussi d'ailleurs. Pour finir, comment tu vois le gaucho d'aujourd'hui ? Propriétaire terrien ?

BRASCA – Certainement pas. Si jamais tu deviens ce genre d'individu, ce sera terminé entre nous. Le propriétaire terrien prétend au titre de gaucho parce qu'il est producteur rural, mais le gaucho d'origine déteste l'esprit mesquin du gringo-cultivateur, son goût pour l'argent et sa passion pour les barbelés. Toi, tu es et resteras un péon pauvre et indépendant, ne possédant que ta selle, car moi, tu ne me posséderas pas, même avec tes questions alambiquées et alambiquettes. Bonne nuit.

Le lac Balaton reflétait un tiers de lune et deux tiers de moustiques dans un ballet aquatique du plus bel effet. Au matin, les insectes étaient épuisés, mais nous avions tout de même bien dormi. Il nous restait quelques lieues pour atteindre l'Autriche. Ce qui se fit dans l'alternance du galop et du trot. La frontière, on ne l'a pas vue. On passe en coup de vent, et on ne s'est aperçu que nous étions en Autriche que lorsque l'on vit la pancarte « Wien » ornée de jolies lettres gothiques. Ce qui est bien à Vienne, c'est qu'il y a des chevaux en pagaille, encore que pagaille ne soit pas le mot juste, tellement ils sont bien en ordre, brossés, peignés comme un cardinal du Vatican. Brasca s'était un peu ébroué au Balaton, il était propre, mais évidemment il sentait un peu la sueur. Néanmoins il se fit quelques potes. Des destriers de l'école de Vienne qui voulaient peut-être s'encanailler en fréquentant pour un soir un canasson qui avait des choses à raconter. Un peu comme si un couple de Dalmatiens écoutait un clébard de la campagne faire le récit de ses déboires. D'accord, ces magnifiques équidés sont admirablement harnachés et habillés, mais ce sont des tenues de laquais. Et tout cela pour trimballer des touristes entre une dégustation de bières et un détour sur la tombe de Mozart, en attendant le soir qu'un coup de cymbale dans une valse de Johann Strauss (le père ou le fils, on s'en fiche) leur permette enfin de roter sans se faire remarquer de la société la plus huppée. En plus, ces pauvres trotteurs doivent crotter dans des sacs qui leur pendent au cul. Brasca pétait de rire en voyant cela, lui qui est si fier de son crottin déposé sur la chaussée avec l'indifférence des grands fauves.

Après quelques lieues menées bon train, malheureusement Brasca ne riait plus. Sa vieille blessure à l'antérieur droit se réveillait ; bien sûr le criollo faisait le mariollo, faisait celui que ça ne dérangeait pas. Mais je savais que si l'on continuait ainsi, la déchirure serait bien plus profonde. Il fallut s'arrêter, reposer le membre souffreteux. Comment entrer en Allemagne dans ces conditions ? Faire du stop avec un équidé, c'est tout de même aventureux. Mais comme nous étions justement en pleine aventure, j'ai pris le risque. La nuit était déjà bien avancée avant que se présente une bétaillère. C'était notre dernier espoir. Et voyez comme parfois le destin est capable de tout : dans ce véhicule fermier, il y avait un bœuf et une place libre. Et ce bœuf n'était autre que le copain de Brasca. Notre cultivateur bavarois avait trouvé sur internet l'occasion d'acheter un bœuf pour pas cher à la frontière roumaine. Il en avait besoin pour la prochaine foire de Munich. Le type était sympathique et amusé de la retrouvaille entre les deux bestiaux, mais il restait le problème de la langue. Le seul allemand que je connais, c'est le yiddish, et parce que j'ai participé à un festival de musique Klesmer en Lithuanie. Lui, Isaac Muller, avait des parents juifs qui s'étaient embarqués pour Israël. Il avait quelques souvenances de sa langue maternelle. On a bricolé un dialogue :

— Vos makhstu ? (Comment allez-vous ?)

— Auf tsores – (Dans l'ennui.)

— Abi gezint ! – (Aussi longtemps que vous êtes en bonne

santé !)

— Er zol vaksen vi a tsibeleh, mit dem kop in drerd! - (Il devrait se développer comme un oignon, avec sa tête dans la terre !)

— Lebst a chazerishen tog ! – (Tu vis un jour de cochon !)

— Atchoum ! G'nossen tsim emess ! – (L'éternuement a confirmé la vérité !)

— Nito farvos ! – (Tu es le bienvenu !)

Et comme on ne connaissait pas que ces sept expressions, on a refait le dialogue plusieurs fois, et parfois en inversant les rôles. Puis, ce fut la banlieue de Munich et Steffi, la femme d'Isaac, est apparue sur le seuil de la ferme, un torchon à la main. Elle parlait le français avec un léger accent alsacien. Nous avons passé une excellente soirée avec bien entendu bières et saucisses. Dans le voisinage immédiat vivait un vétérinaire qui s'occupa de Brasca. Il fallait néanmoins quelques jours avant qu'il ne puisse reprendre la route.

La conversation du deuxième soir prit un ton politico-historique. Isaac, avec l'aide de sa femme, attaqua :

— L'Argentine, dites donc, a bien protégé les criminels nazis.

Steffie enfonça le clou en nous lisant un article qu'elle brandissait dans ma direction :

— Les réseaux d'évasion furent balisés, avec l'acquiescement du Vatican, par l'évêque allemand Alois Hudal et le futur cardinal italien Giuseppe Siri. Point de départ pour le Nouveau Monde : Gênes, où l'octroi de faux passeports, billets et viatiques, était assuré par Walter Rauff, qui écuma l'Europe centrale avec ses chambres à gaz roulantes. En 1949, jugeant sa mission accomplie, l'ancien SS mit les voiles pour le sud du Chili, où il vécut en prospère homme d'affaires jusqu'à sa mort en 1984. Dans les semaines qui suivirent la fin de la guerre, deux sous-marins allemands abordèrent les côtes argentines. Selon des sources proches des services secrets occidentaux, l'un d'euxtransportait une partie du trésor de guerre nazi…

Ce n'est donc pas en territoire hostile que s'installèrent les vaincus. Je fus obligé d'en convenir. Au contraire : une solide structure financière et politique servit d'assise à leur établissement, que ce fût dans la région de Bariloche, dont certaines maisons arborent encore des insignes de « l'époque héroïque », ou dans la sierra de Cordoba, quand ils ne préféraient pas l'anonymat de la capitale.

Mais j'ajoutai :

— D'accord, mais il faut lire aussi les Gauchos juifs qui raconte une histoire incroyable mais vraie. Celle d'hommes et de femmes qui, pour échapper à la misère et aux persécutions, quittèrent leurs villages enneigés d'Europe orientale pour s'installer sur les étendues sauvages et rudes d'Argentine. Avec en tête un projet qui aujourd'hui paraît fou : bâtir une nouvelle Jérusalem.

Toutefois Steffi eut le dernier mot :

— Parce que vous croyez qu'il suffit de mettre les Juifs dans un endroit et les nazis partout ailleurs pour avoir la conscience tranquille ?

11

Et le gaucho picard est de retour dans la pampa picarde. Boire tranquillos son maté dans son rancho. L'œil sur son troupeau de caprins et d'ovins. Enfin, parfois, je les regardais d'assez loin, parce qu'on m'appelait du Cameroun, d'Ouganda, de Haïti. Trois années de suite à Port-au-Prince, attendu par Paul-Elie, le prophète. Logé dans un hôtel de légende, l'Oloffson. « On s'attend à ce que la porte nous soit ouverte par une sorcière ou un majordome dément et à voir une chauve-souris suspendue au lustre », écrit Graham Greene, qui compare l'hôtel style « pain d'épice » à une maison hantée du dessinateur Charles Addams dans The New Yorker. J'avais la chambre où s'est reposé Ernest Hemingway… Quand je suis arrivé à l'aéroport, il y avait un écriteau au-dessus d'un seau rempli de sable : « On décharge son arme ici. » Et de fait, ça tirait beaucoup à Port-aux-Princes, surtout la nuit. Les coups de feu alternaient avec le bruit des mangues qui tombaient d'être trop mûres.

Il y avait surtout un concours de séquestrations entre plusieurs gangs locaux, et nous n'avions le droit de circuler que dans un petit quadrilatère de rues bien dégagées. La population de Port-aux-Princes avait deux soucis : manger et éviter de se faire tuer. L'insécurité était permanente. Pas un jour sans une agression, un enlèvement, un meurtre. Quand on montait dans une voiture, on fermait immédiatement les portières de l'intérieur. Les gangs étaient maîtres du terrain et la ville était à leur merci. Cela fait des années que l'on disait : ça ne va pas durer, l'ordre va revenir. Les bandits étaient prévenus qu'ils n'avaient que deux alternatives : ou ils rendaient les armes ou ils se faisaient abattre, ce qui les rendait plus déterminés encore. Pourtant, bravant le danger, un défilé de carnaval fut organisé dans toute la ville. J'avais emmené avec moi l'âme de Dumitru Crudu dont le texte fut servi par l'esprit et le corps nu de Katiana Milfort : « Et le prophète Élie se leva comme un feu, sa parole brûlait comme une torche » (Livre de Sirach 48,1). Puis le prophète s'apaisa, après nous avoir fait les gros yeux, pour nous servir de guide spirituel nous expliquant que nous avions probablement déclenché un cataclysme. Et de fait, nous sommes allés jouer dans une autre ville qui fut vite cernée par les eaux ; il fallut quelque temps avant qu'un avion ne vienne nous secourir. Les routes étaient défoncées et parfois un pauvre hère remettait en place quelques pierres, couvrait les trous pour qu'elles soient de nouveau un peu praticables. Il fallait le gratifier de menue monnaie pour passer. Quand le temps était beau, c'est lui qui défonçait la route qui était devenue son gagne-pain. Mais Haïti, c'est de l'émotion en permanence pour un gaucho. Je me souviens d'un jour où une vieille femme est venue me parler en créole ; je ne comprenais pas grand-chose. Deux militaires sont venues et l'ont assez brutalement éloignée de moi. Je demandais : pourquoi agir avec cette violence ? « Elle me parlait, elle ne me faisait aucun mal. » Ce à quoi un des militaires a répondu : « Vous ne pouvez pas savoir le mal qu'elle était en train de vous faire. » Quand l'armée croit à la force de la sorcellerie…

Haïti tend les bras et crie pitié

Gens accroupis
et eau croupie
un peuple se tasse
s'entasse
comme pour se faire
pardonner d'exister.
Sur le mur blanc

en lettres rouges :
« Haïti tend les bras
et crie pitié »
Des regards qui en disent long
un œil qui vous défie
et l'autre qui vous invite
à entrer et à danser
Mais entrer où ?
Puisqu'on vit dehors
et en dehors de tout.
Le bruit des génératrices !
Il faut choisir : le silence ou la lumière.
Assourdissante cité
comme un gros bourdon
pris dans une toile d'araignée
Gens accroupis
et eau croupie
Les enfants des écoles
ont la tête décorée
de boules colorées
Rien à manger, alors
allons nous coiffer.
Et puis les soirs d'orage
les fleuves de boue
détruisent les rues et l'espoir
de ceux qui sont debout
et qui se grandissent
pour regarder l'eau d'un peu plus loin.
La pluie en ville n'est d'aucune utilité
surtout cette pluie jamais civilisée
Le lendemain, c'est double travail
L'Haïtien met la main sur les ordures
Quand l'Européen ne sait où mettre le pied
Gens accroupis

Et eau croupie
Un tap-tap bondé s'élance
Jésus-Christ est au volant
Il croise Saint-François en moto
En fait c'est toute la bible
qui a débarqué un beau jour
pour une cérémonie vaudou
Apôtres et saints courent les rues
Ce sont eux les princes du port
Le loto « Fils éternel » fait le plein
Gens accroupis
et eau croupie
Un peuple se tasse
et moi qui passe
Je ne suis déjà plus étranger
Déjà ma peau n'est plus blanche
et la main qui prend ma main
me convertit, me créolise.

On sait que le prophète Élie est à l'origine des trois religions monothéistes, et je crois que Paul-Elie venait en Haïti pour compléter sa collection avec le vaudou. Mais sincèrement de mon côté, le dieu unique qu'il faut adorer, lui et surtout pas un autre, ça me fatigue un peu. Je ne trouve pas que ce soit un progrès par rapport au polythéisme. Quand il y a plusieurs dieux, il faut bien faire avec. On s'arrange. Il y a moins de fanatisme et plus de tolérance. On peut choisir. On peut changer de dieux comme de chemise. D'autant qu'ils se valent tous. En France, nous avons eu les rois fainéants, désormais nous avons les dieux fainéants. Au Moyen-Age encore, ils se bougeaient un peu le cul. Un petit miracle par ci, une apparition par là. Mais ça fait un moment que même les plus dévots ne voient plus rien venir. À Lourdes, les miracles sont suspendus pour cause de pandémie. Alors on dit qu'il y aurait des guérisons suspectes, mais bizarrement un manchot n'a jamais vu son bras repousser. On ne peut tout de même pas suspecter tous les manchots d'être impies au point de rendre Dieu impitoyable. Et moins Dieu se manifeste, plus les religieux sont déchaînés contre les autres religieux, contre les athées, contre tout ce qui n'est pas eux, contre qui ne croit pas comme il faut, à la virgule près. Revenons donc au polythéisme et choisissons chaque jour le dieu qui nous convient. Moi, je prends celui dont Paul-Elie est le prophète, parce que c'est un homme sain et qu'il m'a fait découvrir Haïti.

Et puis une rencontre : Brunatche Zéphyr. Garçon ténébreux et quasiment muet dans la vie, Brunatche devient sur scène radieux et très loquace. Il semble que tout ce qu'il ne peut pas dire au quotidien par timidité ou par ennui, lui revient dans la bouche quand il fait l'acteur. Étant né un six novembre, il est de ces personnes qui préfèrent ainsi garder leur salive pour quand l'hiver sera passé.

Capable d'interpréter tous les rôles à la fois, il ne comprend pas toujours l'intérêt d'engager d'autres comédiens, mais après un court moment d'adaptation, il a la patience d'attendre la réplique de ses partenaires. Fin pédagogue, il aurait pu aussi bien être moniteur d'auto-école ou instructeur pour policiers aveugles. Il préféra se consacrer au théâtre ; cela ne s'explique pas.

Et voici que Brunatche, grand prêtre, étend les mains et une divinité vêtue seulement d'un halo de lumière bleue apparaît. Tous s'inclinent, mais on voit là aussi la division des religions. Les uns la vénèrent comme Katiana, d'autres l'exaltent comme Princesse et une secte enfin en fait sa déesse. Elle joue alors la comédie et Dieu pleure.

C'est alors que me reviennent mes impressions d'Afrique. Voici ce que j'écrivais à l'époque de mon séjour à Douala.

D'abord un poème d'Anne Cillon Perri (anagramme de

Pierre Collin Nna) qui résume bien le joyeux mélange des religions au Cameroun :

La fête chrétienne

Dans le tabernacle d'un temple vaudou, séduit par un succube, le Christ brise sa camisole de force et lave les pieds d'un sorcier boulou. Toute la chrétienté est en fête. Mon Dieu, quelle ophiolâtrie ! À genou devant un masque bambara, la petite Blandine de Lyon fait une longue prière. Le masque ricane à se casser les côtes. Saint-Grégoire de n'être pas né en ce siècle pleure amèrement. Un prêtre vaudou le console. Il lui offre en échange du vase de Soissons des totems de Takoradi. Saint Rémy bénit un festin africain. Un soleil radieux se lève sur le monde. Une belle résurrection s'annonce. C'est un Christ heureux qui lave les pieds du sorcier.

On peut lire également dans l'hebdomadaire *Les Nouvelles du Pays* que les corbillards font le ramassage des passagers qui ne trouvent pas toujours de place dans les autobus ou dans les taxis. Il paraît que c'est un moyen de transport occasionnel certes, mais moins cher et plus rapide. Un chauffeur déclare : *Au passage du corbillard, les gens agitent la main pour qu'on s'arrête. Nous sommes quand même des êtres humains.*

Le sexe ici est évoqué très librement. Mon hôte me dit, par exemple, alors que je le connais à peine, qu'il n'a pas eu d'érection matinale pendant cinq jours. On entend à la radio des questions : *Ma femme est très sèche et à cause de cela je ne peux la pénétrer qu'après l'éjaculation.* Mais le grand guérisseur de service a réponse à tout et il vous conseille des lavements aux composants idoines.

La poésie actuelle est à l'avenant ; voici un texte de Marie-Claire Dati :

LA MOTTE DE BEURRE

Il y avait du beurre de karité
Et mes jambes fouettaient l'air
Une motte dure de beurre
fendait le chemin de mon corps
Fondu, fondant
Dans le plaisir
Il y avait de l'homme debout nu
Dans le prolongement de mes fesses
Et de son érection bousculait mes tripes
Tout chauffait
Répandait
Le beurre de karité
Et des coups de boutoir de sorcellerie de désir…
Je ne savais pas que les chiens
Étaient si heureux !

On me dit cependant que cette évolution est très récente et que tout cela était tabou, il y a encore quelques années. Tout est donc allé très vite et beaucoup plus vite que la législation actuelle qui condamne l'avortement, l'homosexualité, l'adultère de la femme dans tous les cas et l'adultère du mari seulement sous le toit conjugal.

Il faut alors parler de Guillaume Ekoumé, le directeur de la troupe et excellent acteur. Ce qui est très permanent et pertinent chez Guillaume, c'est sa conception du rôle de l'artiste. C'est tellement présent chez lui qu'il le dit de façon abrupte dans chaque spectacle. Dans le dernier texte qu'il m'a laissé et qui s'intitule « Ramassis », il est écrit : *Oui, je suis un comédien, un artiste (il rit et se fâche)*. On sent un besoin de reconnaissance de son statut, mais aussi l'idée que l'artiste est essentiel dans cette société qui se cherche. La didascalie précise « *il rit et se fâche* », comme pour mieux stigmatiser la force et l'impuissance du comédien. Un peu plus loin : *Chacun est grand dans son coin et personne n'est rien. Grave, aucun moyen n'est mis à notre disposition. Les informations culturelles sont confisquées par ceux-là mêmes qui sont là pour les véhiculer. Pire encore la seule maison où nous pouvions nous exprimer est devenue une église. Les théâtres, les cinémas sont tous transformés en lieux de culte pour des églises aux noms bizarres : Église Universelle du Royaume de Dieu, Love Church, Instant de la Purification, Rose-Croix, Chapelle des Vainqueurs, etc. Les artistes doivent se conformer, se soumettre aux programmes de l'église qui réside dans la maison des artistes.*

En fait, aucun comédien ne vit de son art, et tous ont divers métiers. Guillaume est docker et il a appris à conduire les locomotives. Enfin, il a appris à conduire **la** locomotive, qui est en panne depuis déjà quelques années. Mais il vient régulièrement la voir et prendre son minuscule salaire de conducteur de locomotive.

Et puis ce fut l'Ouganda et Kampala. Si Paul-Elie est un prophète, José Maria est un sorcier. Il fallait qu'il soit puissant pour me convaincre de venir faire une mise en scène d'une pièce de Matei Visniec en anglais ! Il savait pourtant qu'un gaucho ne parle jamais anglais. Mais il a si bien invoqué les dieux en m'adjoignant un esprit moldave, Bogdan, que nous avons mené à bien cette aventure. Cela se passait ainsi : je parlais français, Bogdan me répondait en roumain, puis il traduisait en anglais pour les comédiennes.

Par exemple, je disais : « Comme le disait Jean Vilar, une grande sincérité d'artiste se traduit toujours par une grande maladresse, mais plus la sincérité est grande et plus la maladresse passe inaperçue. » Ce qui devenait dans la bouche de Bogdan, en roumain : « Cum a spus George Banu, Teatralitatea dincolo de platou poate fi detestată sau admirată » pour finalement dire aux actrices en scène : « Theatre is like a visit to the doctor – on the way out, one should always feel better than on the way in, as Peter Brook said. » Et moi, je concluais, car entre temps j'avais progressé en anglais : « Yes it is. »

Mais l'Ouganda, le pays, c'est aussi cela :

Chez l'homme noir, la terre est rouge. Sous l'orage, pas de feuilles mortes. Le vent jette des fleurs dans la piscine. Chaque goutte de pluie remplit un verre d'eau. Les arbres battent des ailes et les oiseaux poussent des cris de singe. De ma réserve, je regarde le monde qui ne bouge pas.

Les boda-bodas[2] nous transportent dans le monde qui bouge. Tout ce qui est du domaine du luxe s'étale. Ne manque que le strict nécessaire pour vivre en société : un trottoir, un réverbère, de l'eau potable, un regard. Éternelle lutte du superflu et du nécessaire. À quoi servirait un trottoir à celui qui possède un de ces rutilants 4x4 ? Le réverbère est tout aussi inutile (et coûteux) puisqu'il ne peut être utile qu'aux piétons, être incongrus, éclaboussés de boue ou couvert de poussière, enjambant des canaux crevés et nauséabonds. L'eau ne devient potable qu'à partir d'un certain prix, et les bodyguards ont le regard absent de ceux qui sont là pour protéger le matériel et la marchandise, pas les personnes.

Plus loin, un enfant noir en bottes roses joue avec un pneu arraché à une bicyclette cliniquement morte. Il lui fait parcourir avec une grande régularité les égouts du quartier, dérangeant les moustiques qui se refont une santé dans le cloaque. Dieu est assis sur le bitume ; il vend ses livres à même le sol. Pour dire son contentement, le Pape clignote de toutes ses bagues. Des

---

[2] Mototaxi, utilisée en Ouganda et au Kenya. Mot dérivé de l'anglais border to border, parce qu'à l'origine les boda-bodas passaient d'un pays à l'autre.

uniformes pointent des fusils multiformes sur les pieds nus des va-nu-pieds. Des rangers noires écrasent des orteils colorés. Dans le ciel, les marabouts règlent la bruyante circulation des volatiles.

La ville n'a plus de limite. La dernière maison de la rue sera demain toujours plus loin de la dernière maison de la rue. Kampala est une armée en rase campagne. Le bivouac s'étend et affole les sauterelles.

Là-bas pourtant avec trois ficelles on fabrique une musique qui se moque des stratégies de nos nouveaux maîtres. On ne pourra pas plus la faire taire dans ce monde qui bouge que le chant des oiseaux-singes dans le monde qui ne bouge pas là devant moi alors que j'entre dans la carte postale.

12

Je n'étais pas revenu de tout, mais d'une bonne partie du monde. Qui pourrait dire que Thury-sous-Pampa n'est pas le plus beau village de Picardie ? Pourtant après toute cette période de mouvement, le calme, le silence, la stabilité, cela peut créer des cauchemars. Et c'est ce qu'il se produisit dans un premier temps. Voici un rêve d'épouvante qui revenait souvent.

Le quartier semblait désert. Je m'aventurai dans une de ces petites ruelles de la vieille ville. Apparemment, je n'étais ni suivi ni observé. La boutique était toujours fermée, mais en frappant un certain nombre de coups (sept pour les initiés), elle pouvait s'ouvrir. Mais le vieux avait reconnu mes pas sur le pavé et il m'accueillit avant même que je ne toque à la porte. Il vérifia tout de même que personne ne m'avait vu entrer.

— Les temps sont durs, jeune homme, vous savez.

— C'est gentil de m'appeler jeune homme, mais…

— Je m'adresse toujours ainsi à ma clientèle masculine. Sinon, je dis : Mademoiselle. Que voulez-vous, un commerçant reste un commerçant et tout son art commence par la flatterie du client.

— Est-ce qu'on peut parler ? demandai-je à voix basse.

— Venez par ici.

Il m'introduisit alors dans une pièce plus petite qui lui servait aussi de cuisine et de chambre à coucher. Il mit en marche un petit appareil et l'on entendit la voix d'un présentateur de journal télévisé qui dans la journée vendait des saucisses de Strasbourg avec la même voix enjouée et joviale qu'il avait le soir pour nous conter les catastrophes du jour. On pouvait alors parler, mais tout pouvait aussi bien se faire sans un mot. Il me montra ses dernières acquisitions, avec le prix affiché sur la première page. Il y avait là des œuvres de Joris-Karl Huysmans, de Benjamin Péret, de Clarice Lispector, d'Arthur Cravan... C'était un peu cher pour moi, mais je ne pouvais laisser cet homme sans ressource. Il n'avait certainement rien vendu depuis ma dernière visite. Je me décidai pour une édition bilingue du poète chilien Nicanor Parra.

— Moi, je veux bien vous le vendre, ce n'est pas le problème, mais c'est risqué.

— Pourquoi ? Parce qu'il est gros ?

— Eh oui. Comment allez-vous le dissimuler ?

— Sous ma chemise. Ça me donne un peu d'embonpoint, mais avec un peu de chance, ça passera.

— Comme vous voulez.

Je lui donnai l'argent qu'il me restait en poche et, avant de partir, j'eus un mouvement vers lui comme pour l'embrasser. Je ne savais pas si je le reverrais un jour. Ses autres collègues avaient disparu l'un après l'autre. La plupart morts de faim et certains en prison. Lui, il avait su être un peu malin et c'est pourquoi il durait encore. Lorsque les inspecteurs sont venus, il a expliqué qu'il ne vendait pas de livres, mais des remèdes sustentateurs et roboratifs. Et comme il n'avait pas de dictionnaire, les fins limiers n'ont pu vérifier de quoi il s'agissait. J'avais toujours aimé ce libraire parce qu'aux temps florissants il n'avait jamais accepté de mettre en vitrine « Le Petit Prince ». Cet aviateur lui donnait des haut-le-cœur. Moi, je le trouvais tout de même un peu au-dessus de Camus...

Maintenant, le plus dur restait à faire : rentrer chez moi. Personne ne passait dans ces ruelles, mais justement il était facile de se faire remarquer. En arrivant sur la place, j'aperçus deux policiers et j'entrai précipitamment dans un magasin audiovisuel où je n'avais rien à acheter, mais là, des enfants avec des casques consultaient leurs téléphones sous un déluge d'images pornographiques. Ils se livraient également à des jeux vidéo dont la guerre était le thème principal. J'étais bien à l'abri dans cet endroit, mais j'étais encore loin de chez moi. Je sortis discrètement. La place était libre et je m'enfonçai dans ma rue lorsqu'une prostituée m'apostropha :

— Alors mon joli, on n'est pas si pressé tout de même. (Oui, mon joli, toujours flatter le client)

— Si, justement, je suis assez pressé aujourd'hui.

— Mais dis donc, tu as l'air d'avoir un bon paquet dans la culotte. (il faut dire que dans mon empressement à rentrer chez moi, le livre avait glissé de la chemise dans le pantalon)

— Oui, enfin oui… Mais c'est la nature, vous savez…

— Si tu es aussi bien équipé, c'est moitié prix. Ah moi, je suis comme ça. Je ne lésine pas.

— Non merci, madame.

À ce moment-là, un policier arriva et s'invita dans la conversation.

— Qu'est-ce qu'y a-t-il, Romancha ? Le monsieur t'ennuie ?

— Non, mais il ne veut pas monter alors qu'il est bien monté.

— Laisse tomber, ma grosse. Je vais te prendre là contre la porte du garage et tu ne vas pas le regretter.

— Ouais, mais avec toi, c'est toujours gratos.

— Il faut bien soulager la police, tu n'es pas d'accord ?

— Bien sûr, mais…

— Écoute, toi, tu es sur le pied de grue, eh bien nous, on est sur le pied de guerre jour et nuit. On est fait pour s'entendre. Tiens, je viens de tomber sur un type qui avait un livre de poche dans sa poche. Je lui dis : « Qu'est-ce que t'as dans ta poche ? Il me répond : « Ben, un livre de poche. » Je lui dis : « Tu sais pas que c'est interdit ? » Il me répond : « D'avoir une poche ? » Je lui dis : « Non, connard, d'avoir un livre ! » Putain de Bon Dieu, je lui ai foutu une de ces roustes et je lui ai fait bouffer page par page. Le gars, à chaque morceau, il pleurait pour en lire un bout avant d'avaler ! T'as de ces malades, tout de même !

Je m'éloignai discrètement pendant que le couple se formait dans un soupir de gras soulagement pour l'un et de grave dépit pour l'autre. Je rentrai chez moi sans autre anicroche. Ma sœur venait de se piquer : une bonne dose d'héroïne. Elle flottait un peu dans l'air fétide, mais dès qu'elle aperçut le livre, elle devint agressive. Curieusement, au fur et à mesure de mon rêve, je rajeunissais et je me retrouvai maintenant adolescent

— Putain de merde, c'est ma dernière dose, j'ai plus un radis, plus un fléch… Et toi, tu claques ton fric dans des conneries de bouquins qui peuvent te rapporter des années de taule, et pour nous des emmerdements à n'en plus finir, mais t'es con ou quoi ?

— Mais Béa enfin...Avant tu aimais lire toi aussi. Souviens-toi de Garcia Lorca... de Pasolini…

— Maman, Papa ! Venez voir ! il a encore acheté un bouquin. C'est vraiment un connard. Un connard et un salaud ! Si on se fait fouiller l'appartement, ils vont me piquer toute ma came, bordel !

Les parents sont entrés l'air grave et m'ont regardé avec pitié et dédain. Mon père m'a arraché le livre après une courte bagarre à l'issue de laquelle je constatai que j'avais peu de force à lui opposer et qu'il ne me restait bientôt plus qu'une seule page du volume dans la main. Et il est allé le brûler tout le reste dans la chaudière du chauffage central. Et pendant que ma mère fermait la porte pour ne pas voir Béatrice se masturber (sous l'emprise de l'héroïne, elle en ressent un besoin impérieux), je me mis à lire le seul poème de Nicanor Parra que j'avais pu sauver dans le feu de l'action et dans l'action du feu :

NOTRE PÈRE

Notre Père qui es aux cieux
Plein de toute sorte de problèmes
Le sourcil froncé comme si tu étais
Un vulgaire homme ordinaire
Ne pense plus à nous.

Nous comprenons que tu souffres
De ne pas pouvoir arranger les choses.
Nous savons que le Démon n'arrête pas de t'embêter
En déconstruisant ce que tu construis.

Il se moque de toi
Mais nous, nous pleurons avec toi ;
Ne fais pas attention à ses rires diaboliques.

Notre Père qui es où tu es
Entouré d'anges déloyaux
Sincèrement : ne souffre plus pour nous
Il faut que tu te rendes compte
Que les dieux ne sont pas infaillibles
Et que nous, nous pardonnons tout.

Ce rêve parfois en cachait un autre, plus dur, plus cauchemardesque. Et à chaque fois, l'Ukraine faisait irruption, avec des blocages aux frontières, des interpellations à l'aéroport Borispol, et bien sûr des sermons imbéciles de conseiller culturel. Heureusement j'avais à mes côtés celle qui fut toujours à mes côtés. Alors, elle m'ouvrait les yeux sur le bonheur qu'il y avait à être là, simplement là. Rien ne la distingue de la gaucha patagonienne, elle qui vit dans la maison où elle est née. N'est-il pas écrit dans Martin Fierro :

J'ai déjà dit que la maison

était mon seul bien.
Jusqu'à mon retour
c'était ma femme
qui devait prendre soin des biens.

Son amour me parvenait au-delà des montagnes et je devais parfois me boucher les oreilles pour ne pas l'entendre. Mais elle m'a appris à vivre : se lever et commencer par voir ce qu'il y a à voir ce matin-là. Dans les brumes picardes, quand la terre fume, que la boue encadre nos bottes, que le chien donne son salut matutinal au chat, que la poule vient vérifier ce que mange le cochon, que les moutons s'arrogent le droit de galoper pour réclamer indûment un surcroît de maïs, la pampa, en ce moment-là, a un air de fête, jusqu'à ce qu'arrive le citadin.

— Eh bien, vous en avez des bêtes !

— Oui.

— Eh bien, dites donc, ça doit vous faire du travail !

— Oui, mais est-ce vraiment du travail ?

— Enfin, je veux dire, ça doit prendre du temps tout ce... Une vraie arche de Noé : chèvres, moutons, cochons, volaille...

— Du temps certainement.

— Donc, c'est bien ce que je disais, c'est du boulot, un tel cheptel.

— Bien sûr, il est nécessaire de suivre les animaux, de les accompagner, de les nourrir, parfois de les nettoyer ou de les soigner. Mais ce n'est pas ça qui prend le plus de temps.

— C'est quoi alors ?

— C'est le temps de la contemplation.

— Le temps de la... quoi ?

— De la contemplation. On passe dix minutes à s'en occuper, mais ensuite on reste une heure à les regarder, juste les regarder. Et à regarder aussi comment ils vous regardent.

— Passer son temps à contempler des bêtes… Moi, je ne pourrais pas. Faut dire que moi, j'ai du travail. Alors les bestioles… Déjà quand il y a des émissions sur les animaux à la télé, je ne regarde pas jusqu'au bout. Alors là, contempler des cochons… Je me demande bien l'intérêt de la chose.

— Parce que c'est un être vivant, tout simplement. Et de tout être vivant, on peut apprendre quelque chose.

— Mais qu'est-ce que vous voulez apprendre en regardant un cochon ? Ce n'est pas comme ça que vous allez me dire le prix de la tranche de jambon. Et puis ça, c'est pas vrai : de tout être vivant, on n'apprend pas quelque chose. C'est pas vrai. Regardez mon voisin, il est vivant. Je n'ai jamais rien appris de lui. Il est bon à rien, de toute façon.

— J'ai l'impression d'être ce voisin. Je suis sûr que vous portez le même regard sur lui et sur moi.

— Ah, mais pas du tout. Je ne me permettrais pas vous dire que vous êtes un bon à rien.

— Mais à votre voisin non plus, vous ne vous permettez pas de le lui dire. Vous vous permettez juste de le penser. Alors je vous laisse à vos pensées. Laissez-moi à ma contemplation.

Il reviendra, et son fils ou son petit-fils me demandera où sont les œufs des lapins et si le dindon est un dragon… Sa femme se plaindra de ce que le coq chante plusieurs fois dans la journée. « Qu'il chante une fois, au lever du soleil, je comprends. Mais pourquoi il continue à chanter après ? On n'est pas sourd tout de même ! » Un citadin égaré dans la Pampa, c'est le voyage de Monsieur Perrichon qui disait lui-même : *Je me suis toujours demandé pourquoi les Français, si spirituels chez eux, sont si bêtes en voyage !* Et n'oublions pas non plus cette réplique péremptoire : *Madame, je voudrais un livre pour ma femme et ma fille… un livre qui ne parle ni de galanterie, ni d'argent, ni de politique, ni de mariage, ni de mort. « Les Bords de la*

Saône » : deux francs ! Vous me jurez qu'il n'y a pas de bêtises là-dedans ?

Partir… Revenir… C'est toute une vie entre ces deux mots. Je suis celui qui est parti et qui est revenu, reparti et revenu encore, face à celle qui est restée. À moi les errances de l'élastique ; à elle la patience du roc. Je n'ai pas toujours eu raison, elle n'a jamais eu tort.

Il faut toute une vie compliquée
pour revenir à la simplicité
pour habiter la simple cité

L'ambition nourrit l'adolescence
c'est un moteur par essence
qui finit en déliquescence

L'adulte a besoin d'être adulé
connu et reconnu, congratulé
il a surtout compté et calculé

Vient le temps des renoncements
fini les moments où l'on se ment
reste à vivre le doux effacement

Mais c'est loin d'être une déchirure
on se sent plus léger sans parures
et pur on prend sa place dans l'épure.

13

Si moi, gaucho, je suis né à Marquise, pas aux îles, mais tout de même à deux pas de Boulogne-sur-Mer, je connais un Équatorien, Ramiro Oviedo, qui a passé en fraude sa poésie pour débarquer dans la Somme, et qui prétend n'avoir toujours été qu'un berger picard. Il s'est donc passé un étrange phénomène quasiment géométrique, une sorte de translation par une projection de type $MM' = u$, mais en vecteurs à modules inversés.

Et voilà que cet Équatorien, au lieu de vendre des panamas, comme tout Équatorien qui pense à couvrir la nuque des Panaméens en train de creuser un nouveau canal pour que les bateaux-cargos puissent passer maintenant à trois de front pour gagner du temps, se permet dans un de ses textes plein d'audace d'écrire :

Derrière la fenêtre
Les champs de betteraves
Ressemblaient à la banlieue de la Lune
Tu te bats pour t'échapper
Et te perdre dans la pampa picarde
Si douce.

Et il a même le culot de continuer :
Tu t'enivres
Et tu t'enivres encore à Thézy-Glimont
Tu confonds Carlos Edmundo de Ory
Avec ta mère
T'entends dans la rue en face de la maison
Parmi une farine bleue en guise de brouillard
Hennir et sangloter un superbe cheval

Mais enfin, Carlos Edmundo de Ory, c'est moi qui l'ai connu ! Il suffit de revenir à mon chapitre II où j'en parle déjà. Au chapitre II de mon livre, lui il était encore en Équateur. Je me suis dit que je devais rencontrer cet imposteur. Je me pointe sur mon alezan, puisque mon criollo habituel m'a été emprunté par ma fille qui était partie faire la cavalière de pacotille dans un concours hippique. Et je dois pénétrer en Somme dans la brousse de la cambrousse.

— Holà vieux ruffian, veux-tu bien montrer ta chevelure argentée à un Argentin ?

— Je soussigné, Ramiro Oviedo, Poète à contrecœur, déclare que depuis tout petit j'ai le sang doux et le cœur brûlant. Rien n'a pu atténuer ce karma de volcan actif ni cette réputation de radiateur ambulant. Je viens de commencer et on sent déjà le brûlé.

— Dis donc, tu ne pourrais pas mettre ton accent sur les u au lieu de nous l'infliger dans ta voix rude de paysan-boxeur ?

— D'accord le cœur brûlant et on sent déjà le brûlé.

— De acuerdo, pero donde estabas en mi capitulo dos ?

— Je déclare que quand la dictature a fermé l'Université, j'ai travaillé comme commercial de lingerie féminine. Par mes mains ont défilé des tonnes de bas en nylon, de petites culottes, des tangas, de bodys et des soutiens-gorge en soie et en dentelle de toutes les couleurs et de toutes les tailles, ce qui m'a donné une certaine dextérité à ce sujet.

— Et tu crois m'impressionner avec ce discours empreint de coquinerie ?

— Je déclare qu'une voiture à 140 à l'heure m'a tué la nuit d'un vendredi de 1987, et que je ne m'en suis même pas aperçu. Seulement je sais que j'ai ressuscité vingt minutes après sur le sommet d'un arbre. J'ai rêvé que je volais comme un rossignol, que j'atterrissais sur un toit en sifflotant une mélodie.

Le personnage était certes un peu dérangé, mais c'est vrai que je ne l'avais pas prévenu de ma visite. Le seul problème avec Ramiro, c'est que c'est un poète qui se prend pour un boxeur. Qu'on se souvienne d'Arthur Cravan :

Des corps polis comme des machines,
Mille objets de la Chine,
Les modes et les inventions ;
Puis, prêts à traverser la ville,
Dans la douceur des automobiles,
Les poètes et les boxeurs.

Arthur Cravan qui demanda sérieusement dans un interview :

— Monsieur Gide, où en sommes-nous avec le temps ?

Et qui s'entendit répondre :

— Il est six heures moins quart.

Donc Ramiro Oviedo n'est pas le premier à boxer dans cette catégorie, mais cela surprend toujours. Surtout quand vous vous trouvez en face d'un type torse nu qui vous invite à entrer dans le ring de sa salle à manger. Nous les Argentins, nous ne négligeons pas la boxe et nous vénérions Carlos Monzon, avant qu'il ne fasse le combat de trop avec sa femme. Mais, il faut le savoir, le gaucho ne met pas de gants. Nous nous battons au couteau facon. C'est dire si le combat est inégal, c'est pourquoi à huit mètres je plante ma lame dans un ours en peluche et j'attends le premier round. L'Équatorien picard s'avance, menaçant, et me balance les règles du noble art :

- Le principe est simple
On est là pour 12 reprises de coups de missiles
Pour mettre par terre l'adversaire au plus vite
On met la jambe gauche devant, on lève les poings
On se met en garde et on attaque avec hargne

Mais, comme dans tous les arts des animaux purs
Dans la planète de la boxe et de la poésie
On peut contrarier la formule
Combattant sans frapper, par exemple.

Je ne sais comment mais progressivement, le combat tourne à la danse, puis l'adversaire déclare :

- *Voilà de l'air pour mieux respirer*
Un aliment de base
Une poignée de mains
Une bière artisanale
La poésie…

Et voilà qu'une mousse picarde (pas même une Quilmes argentine) nous fait comprendre que nous sommes amis finalement. Et plus que ça, sans modération, et je repars de chez lui avec en tête toute une chanson car tout ce qu'il touche se transforme en poésie :

Aramiro

Je suis au centre du monde
je sais que le cirque-conférence
dira sa vérité de salon de thé
on ne crache pas ni ne fume
mais le cendrier pue encore
on n'entendra plus le toque-sein
impudique sous l'unique tunique
on n'entendra plus de bulletin-météo
avec sa couche de crasse publicitaire
les grands de ce monde ne sont pas des géants
mais des G20, des G7 ou des Gjuites
l'ordre doit régner à Varsovision
on ne saura de Caracarcasse que crachats
les plus riches cette année seront encore
plus riches que les riches de l'an dernier

on a retrouvé l'Atlantide en Méditerranée
des cimetières entiers immigrés immergés
lâchant des pets de colombes le pape gestiridicule
seul là-bas en somme à l'écart
un Équatorien écartelé écarlate
garde un bon goût dans la bouche
et nous le déverse à la louche.

Et sur l'encolure de mon cheval, je perçois des picotements de contentement, tandis que les taons fournissent gratos la musique.

L'amitié, j'avais déjà connu cela. Mais c'était il y a longtemps et ça dure toujours. Un type d'un mètre 96 incapable de jouer au basket ni même de jeter un papier à la corbeille sans s'y reprendre à trois fois. Il avait un père qui lui avait tout appris de l'humour. Ainsi quand on lui donnait quelque chose, il disait : « Merci garet » ou alors la fameuse formule : « Santé, mais pas des pieds ». Bref, c'est un père-turbable. Ce qui a donné à Pascal Tourain l'idée de jouer des spectacles dans le genre comique. Et de Creil, il a pris tous les risques : il est monté à Paris (57 kilomètres) et il a joué dans les cafés le pilier de bar notamment. Et puis, il est devenu « L'homme tatoué », dont il a fait un spectacle. Des pieds jusqu'au cou, tatoué… Son dernier show : « Sauf complications je suis mort… » Il a un sens aigu de l'amitié et je l'aborde au téléphone comme il convient :

— Salut amigo.

— Quoi ? Tu sais, moi, les mots en étranger, je ne sais jamais si c'est du lard ou du cochon.

— OK.

— OK, c'est la limite. Tu ne peux pas parler comme avant ? A Creil ?

— Comme ton père tu veux dire ?

— Ouais, ou comme ta mère.

— Ah ma mère… Elle avait toujours évité un gros mot ; il fallait à la place, disait-elle, dire « Tchibiquia ! » Elle avait entendu cela dans la bouche d'un noble qui était venu faire réparer une pendule, et pour elle c'était le comble de la distinction.

— Putain, il fallait le trouver : Tchibiquia !

— Surtout que j'ai regardé dans Google et j'ai vu que c'était un mot algérien. Je suis sûre que si elle avait su cela, elle aurait dit : « merde alors ! »

— Écoute, ce n'est pas que je n'ai pas le temps, mais j'aime pas qu'on me dérange quand je suis en route vers la boucherie.

— Oh, là ! Excuse-moi.

— Tu n'as pas à t'excuser. Je t'explique. Quand je prends le train, j'arrive une demi-heure avant, même si j'ai mon billet. On ne sait jamais. On l'annonce sur un quai et puis finalement c'est sur un autre quai. Si le train est en retard, je ne sais plus si c'est le train que je dois prendre, puisqu'il ne part pas à l'heure prévue. Eh bien, moi, avec la bouchère, je dois être sûr de mon fait. Si j'hésite un peu, elle passe au client suivant. Alors sur la route de la boucherie, je récapitule pour ne pas me retrouver avec un saucisson que je n'aime pas et qui va me faire la semaine.

— Ça me fait penser que je dois préparer un asado.

— C'est quoi ce truc-là encore ?

— Une grillade.

— Mais alors, dis une grillade. C'est quoi la différence ?

— Eh bien, premièrement la taille des morceaux de viande. Sur la grille, on y voit des pièces entières de viande. Certes, on peut y voir quelques saucisses (c'est juste pour accompagner) mais généralement ce sont des pièces de plusieurs kilos. De ce fait, le temps de cuisson est bien différent. On patiente plusieurs heures avant que la viande soit cuite. Ça peut aller de deux heures à quatre heures, et plus si besoin ! Rien à voir avec ton petit barbecue où la viande est cuite en quinze minutes. Deuxièmement…

— Ah non, arrête, je ne veux pas entendre le deuxièmement, je suis déjà complètement écœuré. Je ne vais pas m'arrêter à la boucherie, je mangerai des œufs.

Une autre fois, à Paris, j'essayais de préciser ma pensée et de lui faire deviner les charmes puissants de la pampa.

— « … une vie différente, une vie d'immenses levers de soleil et de journées à la forte odeur de cheval. Cette vie est nouvelle, mais parfois elle est aussi atroce, mais c'est déjà dans son sang, parce que de même que les hommes d'autres nations vénèrent et pressentent la mer, nous convoitons la plaine inépuisable qui résonne sous les casques. »

— Arrête ton char. Ça ne serait pas du Borges, ça ? Je connais pas, mais ça y ressemble.

Et voilà qu'en pleine rue, un intrus s'invite dans la conversation.

— Ne serait-ce pas vous l'homme tatoué ? Oui, mais ça ne se voit pas quand vous êtes habillé. J'ai payé ma place, j'ai même payé le bouquin à l'issue du spectacle, mais je n'ai pas vu Pierrot ni Colombine sur le bras gauche, comme il est dit dans le livre. Ce n'est pas une escroquerie au moins ?

— Pas du tout, jeune homme. Le temps de dévêtir mon bras gauche, et j'attire votre attention sur la reproduction d'une illusion d'optique de 1912.

— De loin, j'ai l'impression de voir un crâne.

— Eh bien, approchez-vous et vous découvrirez Pierrot et Colombine prenant une coupe de champagne.

— C'est pourtant vrai…

— Ce tattoo me résume à lui seul : monstrueux à dix mètres

et troublant à cinquante centimètres.

Je les ai laissés ensemble. Visiblement le nouveau venu avait envie de vérifier d'autres tatouages, et encore d'autres… Je repris mon chemin en réfléchissant à l'amitié et en pensant à cette phrase de Paul Verlaine : « Il ne faut jamais juger les gens sur leurs fréquentations : Judas, par exemple, avait des amis irréprochables. » Et ne voilà-t-il pas que sur la route du retour je retrouve le découvreur de tatouages.

— Pascal Tourain a été très gentil avec moi, vous savez.

— Je n'en doute pas.

— Comme vous êtes de vieux amis, on pourrait se tutoyer.

— Tout est possible dans la vie.

— En fait, j'aimerais qu'on soit amis, nous aussi. J'ai 137 amis sur Am stram gram.

— Pic et pic et colégram ?

— Oui, bour et bour et ratatam.

— Moi, j'ai deux amis, et franchement ça me suffit. À partir de trois, je confonds leurs dates de naissance. Tout un pataquès.

— Comme vous le voudrez, mais Pascal Tourain a plusieurs amis.

— Mais Pascal pèse cent kilos, il lui faut bien trois personnes pour le relever s'il tombe dans la rue. Moi, deux amis, c'est bien suffisant. Et dites-vous bien que l'ami de tout le monde n'est l'ami de personne.

— Oui, c'est le prédicateur jésuite Bourdaloue qui dit cela dans un sermon en 1682. Ça me trouble, presque autant qu'un tatouage de Pierrot et Colombine. Mais enfin, 137 amis ce n'est pas tout le monde.

— Non, mais ça en prend le chemin.

14 – Journal de guerre

Nous venions de jouer à Saint-Pétersbourg et à Moscou, et nous nous trouvions, Roxane Borgna, Mihai Fusu et moi, à Bakou. Après la représentation de nos « Gros Chagrins », l'ambassadeur nous souhaita bonne chance pour la suite de la tournée. Rétrospectivement, nous avons compris qu'il ne s'agissait pas d'une simple formule de politesse. En effet, tout allait se compliquer. Nous devions jouer dans deux jours à Erevan, en Arménie. Or, les deux pays sont en guerre permanente à cause d'un conflit sur le Haut-Karabagh, enclave arménienne mais située en Azerbaïdjan. Ils n'entretiennent pas de relations diplomatiques et il est impossible de passer d'un pays à l'autre. Il nous fallut donc passer par la Géorgie. Un train nous conduisit à Tbilissi et nous devions en prendre un autre pour Erevan. Cependant une surprise nous attendait dans la capitale géorgienne : la gare était plongée dans le noir et simplement éclairée par quelques bougies réparties parcimonieusement, ce qui donnait au bâtiment un air de cathédrale engloutie. Plus d'électricité et plus de train du tout. On nous conseilla de prendre un autobus qui justement allait partir pour l'Arménie, mais il fallait faire vite car la gare routière était de l'autre côté de la ville. Un taxi nous y emmena en toute urgence pour découvrir que l'autobus en question était posé sur quatre parpaings. Quelqu'un avait eu besoin de pneus de manière impérative, sans penser que nous avions un spectacle le lendemain. Heureusement Mihai, en bon Moldave, n'était jamais à court d'expédients. Il trouva un minibus où se trouvaient déjà entassées sept personnes qui avaient l'air très heureuses de partager ce périple avec nous. Il faut dire que le chauffeur les avait prévenus : « Je ne pars que lorsque le minibus est plein. » Nous sommes donc partis et je partageais la banquette arrière avec une vieille femme qui transportait des oranges dans deux grands sacs. Nous sommes arrivés en grimpant des pentes assez raides jusqu'au poste-frontière qui arborait un grand portrait de Staline en uniforme d'apparat. En ce qui nous concernait, tout était en règle. Mais la situation se tendit quand les douaniers s'occupèrent de ma voisine et de ses sacs : sous un lit d'orange, il y avait des paquets de cigarettes de contrebande… J'ai bien cru que la discussion allait durer toute la nuit. Nous faisions connaissance avec nos compagnons d'infortune. L'un avait aussi quelques soucis pour marchandises que le douanier n'avait pas encore visitées. L'autre était un soldat qui revenait dans sa famille. Une jeune femme semblait être sortie d'une opérette avec sa tenue paysanne. Elle allait s'occuper de moutons et de chèvres. Certains avaient peur d'une amende qu'ils ne seraient pas en mesure de payer. Bien sûr, nous parlions aussi de notre spectacle sans savoir s'il allait avoir lieu. Finalement, alors que nous pensions ne plus repartir, tout s'arrangea assez vite. En fait, le douanier avait gardé un des sacs et permis à la dame de continuer le voyage avec l'autre. Il y a des pays comme ça, où l'on sait s'arranger. Il nous suffisait maintenant de rallier Erevan même si la nuit était déjà bien entamée. Pour cela, le minibus devait escalader et descendre les montagnes pour descendre ensuite dans la plaine. En montée, il faisait un bruit assourdissant, mais dans les descentes il était silencieux, car le chauffeur coupait le contact pour ne pas gaspiller inutilement l'essence. Nous sommes arrivés vers quatre heures du matin à l'Ambassade de France à Erevan. On nous y attendait et j'eus le droit à la chambre d'honneur, spacieuse avec de magnifiques tapis et broderies.

Une courte nuit et ce fut le déjeuner avec l'Ambassadeur. J'ai beaucoup côtoyé d'ambassadeurs par la force des choses. J'en ai conclu qu'il y en avait de deux sortes : les ambassadeurs de France et les autres, qui se considèrent comme des gens normaux, voire sympathiques. Les ambassadeurs de France se croient encore sous Louis XIV et ont beaucoup de mal à accepter qu'ils ne soient pas au moins de loin de sang royal. C'est ainsi qu'on leur donne de Son Excellence dès le petit-déjeuner et qu'il ne faut jamais critiquer leur femme quand elle a des idées excentriques de luxe à la française.

L'ambassadeur de France à Erevan était d'un genre assez particulier. Peu intéressé par nos tribulations et notre spectacle (auquel il envoya sa femme), il nous fit traîner le repas de midi (alors que nous avions un spectacle à jouer) en racontant toute sorte d'anecdotes sur ses différents postes. Nous lui avions demandé par politesse s'il aimait l'Arménie et il nous répondit dans un soupir :

— Ahh, vous savez. Ici, c'est fatigant parce qu'il y a toujours quelque chose à voir. Vous sortez dans la rue, il y a quelque chose, vous changez de rue, il y a encore quelque chose. Avant j'étais en Australie, et là, vous pouviez faire des milliers de kilomètres et il n'y avait jamais rien à voir. Je roulais, je roulais, et jamais rien.

C'est alors que Madame l'Ambassadrice prit la parole :

— C'est vrai ! Je montais même sur le capot de la voiture et je ne voyais toujours rien.

Cette interruption intempestive fit sourire l'ambassadeur qui reprit un peu de homard, puis la parole :

— Et vous savez, ce rien nous pénètre ; progressivement il s'installe sous la peau et nous sommes bientôt habités par le rien.

Il nous fallut digérer tout cela avant de jouer. Cependant le spectacle s'est bien passé. Il y avait un peu de monde, beaucoup d'amies francophones de l'ambassadrice, qui gloussaient en rythme au fil de la pièce. On est venu nous prévenir qu'on nous attendait à la sortie. Nous pensions retomber sur ces dames au sourire figé, mais c'est un autre accueil qui nous attendait : les gens du minibus étaient venus avec quelques cadeaux pour nous. Ils n'avaient rien compris du spectacle puisqu'il était en français, mais ils avaient tenu à être là. C'est un de mes plus beaux souvenirs…

En prenant l'avion pour Istanbul où nous continuions notre tournée, je songeai pourtant à cet ambassadeur possédé par le rien et poursuivi par le quelque chose. Et je continuai mes réflexions.

Il y a vraiment des métiers où il n'y a rien à foutre : ambassadeur du Paraguay au Lesotho par exemple, ben, qu'est-ce qu'il y a à faire ? Rien ! Faut juste y aller. Alors, on emmène la femme et les autres tableaux, le piano, des bibelots un peu lourds pour que les porteurs n'aient pas l'impression de déménager un simple consul. Et puis, c'est tout.

Bon, bien sûr, une fois sur place, faut vaguement s'intéresser, lire le journal. Des fois le pays change un peu brutalement de gouvernement. Alors, il faut aller prendre le thé avec le nouveau, dire poliment au revoir à l'ancien… Mais bon, tout ça, c'est pas du boulot, c'est de la gesticulation. C'est comme Ricky Martin si vous voulez. Bon, Ricky Martin, il bouge un peu plus ; mais il est plus jeune aussi.

En plus, ce sont des ambassadeurs qu'on oublie facilement. Quand ça change de régime au Paraguay, on vire l'ambassadeur du Paraguay à Washington, à Londres, à Paris si c'est vraiment un changement radical. Mais à Maseru – oui, c'est la capitale du Lesotho –, à Maseru, on ne change pas. Vous vous rendez compte, s'il fallait changer tous les… Alors, le type est tranquille. D'ailleurs, en général, il n'a aucune raison de s'inquiéter. Dans le précédent gouvernement, c'était son cousin qui était Premier ministre, maintenant que tout a radicalement changé au Paraguay, c'est son oncle qui est ministre des armées. Pourquoi voulez-vous qu'il angoisse ?

Bon, vous me direz, le Lesotho, faut encore y aller. Mais, en fait, même pas ! Vous y allez un peu comme ça au début, pour dire d'occuper l'ambassade, pour éviter les squatters. Et puis après, vous laissez un body guard avec du manger pour le chat et avec comme consigne d'allumer le hall de temps en temps. Qui va savoir que l'ambassadeur du Paraguay au Lesotho n'est pas là ? Qui va s'intéresser à ça ?

Et puis alors, vous avez une femme qui fait épouse de l'ambassadeur du Paraguay au Lesotho. Tous les matins, elle se lève et elle peut se dire fièrement en se regardant dans le miroir :

J'ai peut-être l'air un peu défraîchie comme ça au saut du lit, en charentaises africaines, n'empêche que je suis la femme de l'ambassadeur du Paraguay au... Comment est-ce que ça s'appelle déjà ici ? C'est pas le Rizotto, la Macédoine... Et je n'ai qu'à pousser la porte et passer la tête avec mes bigoudis orange et le garde de garde se mettra au garde à moi. Franchement c'est beau un garde mobile immobile ! À l'âge qu'il a maintenant, mon mari ne fera pas plus haut, mais c'est quand même pas mal. Ici, la vie est spéciale, mais tout le monde est gentil. Enfin, on a quand même eu quelques soucis depuis qu'on est arrivés : une roulette du piano s'est bloquée dans le déménagement. Mais alors, bloquée-bloquée ! Et moi, s'il y a un truc que je déteste dans la vie, c'est une roulette qui se bloque ! D'autres détestent la famine ou les moustiques, mais ça, moi, ça ne me fait rien. Tandis qu'une roulette de piano qui se bloque, ça me fiche la journée en l'air. Surtout que mon mari n'est pas bricoleur, et que pour trouver au Lesotho – ça y est, j'ai retrouvé le nom : Lesotho ! Il faut que je le note, parce que quand même...

Eh bien, pour trouver au Lesotho un dépanneur de roulettes de piano Hermann... Alors, évidemment, ils ont poussé le piano avec la roulette bloquée. Total, maintenant c'est le parquet qui est rayé. Oui, mais dites donc, on n'est pas chez nous.

Enfin, l'Ambassadeur, lui-même, il faut qu'il fasse un discours de temps en temps. Bien sûr, c'est pas lui qui l'écrit, mais il faut qu'il le prononce :

Jamais le Lesotho et le Paraguay, qui marchent aujourd'hui main dans la main, ne se sont sentis plus proches. L'océan nous sépare, dit-on, mais je dis moi qu'il (il y a du vent ici) nous réunit. Le Paraguay a toujours soutenu l'aspiration lesothonienne au progrès sans lequel on ne saurait plus si l'histoire avance (il y a vraiment un putain de vent !) ou recule. Le Président du Paraguay me disait encore la semaine dernière dans l'ascenseur combien il se félicitait en général, mais aussi en particulier du développement économique du Lesotho, à travers lequel il voit une grande leçon pour tous les peuples qui n'y arrivent pas aussi bien. Nos deux pays sont aussi des exemples pour l'humanité en matière de paix : jamais l'un n'a prétendu envahir l'autre, aucune exigence territoriale... Entre nous, il n'y a guère que la paix (vraiment pénible ce vent !) et des accords commerciaux. Depuis l'an dernier, nos exportations ont augmenté de 7,36 %, alors que vos importations se sont accrues d'autant. À travers ma personne, le Paraguay salue fraternellement ses frères du Lesotho, pays de contraste (et de vent), et devant tant d'enthousiasme, je reviendrai.

Des fois, le discours, c'est pas lui qui le prononce non plus. Dans ce cas-là, il se fait représenter. Vous avez un type qui représente l'ambassadeur. C'est son métier. Il y en a qui sont représentants en aspirateurs, ben lui, il est représentant en ambassadeur.

— *C'est vous l'Ambassadeur ?*

— D'abord, on dit Son Excellence, et en plus, ce n'est pas moi. Je le représente.

— Mais si c'est pas lui, je peux pas dire Son Excellence.

— Oui, mais vous ne pouvez pas dire non plus ambassadeur, puisque ce n'est pas lui. Je le représente.

— Bon alors, si c'est pas lui, on peut pas dire l'ambassadeur, puisque c'est pas lui. Mais si c'est lui, on peut pas le dire non plus, il faut dire Son Excellence. En somme, on dit jamais Ambassadeur ?

— Si, on peut le dire, mais c'est une faute protocolaire. Bon, vous m'excuserez, mais il faut que j'aille représenter l'ambassadeur ailleurs.

— Ben, vous, vous l'avez dit ambassadeur !

— C'est normal, moi, je le représente.

— Moi, je me le représentais plus grand.

— Ah, mais il est plus grand aussi, moi je le représente plus petit.

Enfin, vous voyez, c'est un métier comme ça, où il faut donner de sa personne, qui demande beaucoup d'humilité, mais en se débrouillant bien, vous pouvez toujours trouver quelqu'un qui veut bien y aller à votre place. Alors, on annonce que le représentant de l'ambassadeur est représenté par le Premier Conseiller. Parce qu'il y a aussi le Premier Conseiller. Alors, imaginez un peu. L'Ambassadeur n'a rien à faire à un point que ce n'est pas la peine qu'il soit là. La femme de l'Ambassadeur n'a rien à faire, en dehors de débloquer une roulette de piano, et encore c'est pas elle qui va le faire. Le représentant de l'ambassadeur, il représente bien, il mange trois petits fours, il tape la belote avec le chauffeur, ou il se tape la belette sur une chauffeuse, ou il se fait le chauffeur dans la chaufferie, mais enfin, c'est plutôt des vacances. Et puis, vous avez le Premier

Conseiller, qui donne des conseils à l'Ambassadeur.

— Moi, je serais vous, qu'il lui dit comme ça, j'attendrais qu'il fasse plus frais pour aller jouer au golf. Et Son Excellence lui répond :

— De quoi s'agit-Elle ? Je n'aime pas trop votre formule : « moi, je serais vous ».

— Ah, mais c'est un conditionnel.

— J'ai toujours pensé qu'en paraguayen et en baragouinant, le conditionnel est trop proche du futur. Désormais, vous utiliserez l'irréel du passé. À moins que vous ne préfériez le réel du trépassé.

— J'eusse été Votre Excellence, j'eusse attendu qu'il fisse plus frais pour aller jouer au golf.

— Plus frais comme maintenant, par exemple ?

— Exactement, votre Exactitude.

— Eh bien alors, qu'est-ce qu'on attend ? Prévenez qu'on ferme le golf et qu'on élargisse les trous, nous arrivons.

Et l'ambassadeur s'en va jouer au golf avec son Premier Conseiller, pendant que sa femme continue à jouer à la roulette. Alors, me direz-vous, que fait le deuxième conseiller pendant ce temps-là ? Rien, puisqu'il n'y a plus personne à conseiller. Il donne gentiment quelques conseils au troisième conseiller, qui, en général, est un jeune qui sort de l'ENA, et qui n'ose pas trop prendre d'initiatives.

Bon, là, vous avez le fonctionnement normal d'une ambassade, mais imaginez qu'un jour, parmi tous ces gens, se glisse un fainéant !

15

C'est alors que mon père vint à mourir. Nos relations avaient été simplifiées depuis quelques années déjà. Pendant longtemps, on se voyait une fois au Nouvel An et une fois par hasard. Les discussions ne s'éternisaient pas. Un échange de cadeaux et un repas à la hauteur de ses économies. Un échange de points de vue sur la politique :

— Moi, je suis contre tous les extrêmes.

— Pas l'Extrême-Orient, quand même ?

— Mais qu'il est con ! Jamais vu un gosse aussi con !

Il disait souvent quand nous étions jeunes : « J'ai tout réussi dans ma vie sauf mes enfants ».

Pourtant lui aussi il ne s'est jamais départi d'un humour parfois surprenant. Il s'agit surtout d'un sens du comique dans des situations cocasses. Je me souviens par exemple d'un soir au cirque. Nous étions mal placés dans un immense chapiteau avec trois pistes et il est vrai que nous avions bien du mal à voir les numéros qui se succédaient. Daniel Vitse a alors retourné sa chaise et s'est mis à regarder les autres spectateurs. Eh bien, je peux dire que ce simple geste de protestation a fait rire le public tout entier, bien plus que les malheureux clowns qui se présentaient peu après. Mais je crois que cette forme d'humour est surtout une façon d'être à l'aise et de mettre à l'aise ses interlocuteurs. Souvent on se demandait comment il faisait pour tutoyer au bout de cinq minutes des personnes que ma mère continuerait de vouvoyer cinquante ans plus tard. Il était horloger-bijoutier, et il y avait un petit salon où ma mère introduisait les clients les plus intéressants, par exemple un médecin qui venait choisir un collier en perles pour sa femme :

— Je vous en prie, docteur, si vous voulez bien vous donner la peine.

Mon père entrait à son tour et disait :

— Je vais vous apporter une cayelle (mot picard pour dire chaise).

Ma mère le soir lui en faisait le reproche :

— Enfin, on ne parle pas patois avec un docteur. C'est un coup à faire rater la vente !

— Quoique tu geins, on l'a vendu ce collier. Kek ta à braire ?

— Mais on ne parle pas patois, voyons.

Et les enfants de demander :

— Pourquoi on ne parle pas patois ?

— Parce que c'est très laid. Mais enfin, Daniel, dis-leur que c'est très laid.

Pourtant, dire de quelqu'un qui a la tête abîmée « Ch'tila, i a une figure ed vint d'bout », c'est plutôt savoureux.

Seulement tout cela c'était la journée. Le soir, il se crispait. Les remontrances pleuvaient pour un oui, pour un non. Nos résultats scolaires ne le satisfaisaient pas du tout. Mon frère jouait trop au tennis et moi pas assez.

— Faut pas vous croire sortis de la cuisse de Jupiter !

— Mais pourquoi tu leur dis ça ?

— C'est une expression.

— J'aime mieux ça.

Nous mangions le soir devant la télévision. Un soir lors d'un reportage du journal télévisé, j'entends que les Américains ont bombardé par erreur les troupes sud-vietnamiennes (qui étaient leurs alliés) et je me mets à rire. Mon père s'est fâché très fort et m'a demandé de quitter la table – privé de dessert.

Quand il y avait des invités, je sortais de ma chambre pour les saluer poliment, comme il se devait, et j'entendais qu'on me présentait ainsi :

— Voilà l'idiot de la famille.

Le jour de la rentrée des classes, on devait remplir une fiche et notamment répondre à la question « Quelle profession envisagez-vous ? ». J'hésitais un peu et j'écrivais : comédien. Souvent alors le professeur me regardait d'un œil sévère et me demandait si je ne pouvais pas inventer quelque chose d'encore plus excentrique. Le plus injuste, me semblait-il, c'était qu'il ne trouvait rien à redire à mes camarades qui se proposaient d'être médecin, banquier, député ou même ministre (eh oui, l'un d'eux se voyait bien ministre !). Par provocation, – c'est curieux d'ailleurs que dans provocation, il y ait le mot vocation –, par provocation, je me souviens alors d'avoir biffé comédien et d'avoir écrit flibustier ou corsaire (mais j'aurais pu écrire tout aussi bien « gaucho ») suivant les années.

Pour ma mère, commerçante, mais qui vivait le commerce comme un esclavage, il fallait devenir ingénieur. Ingénieur, on ne savait pas ce que c'était, elle non plus d'ailleurs, mais parfois elle remontait du magasin, l'air illuminé, les yeux transpirant d'émotion, parce qu'elle venait de vendre une épingle de cravate à un ingénieur. Et c'est vrai, un ingénieur, on ne savait pas ce qu'il faisait vraiment, mais il gagnait suffisamment d'argent pour s'acheter des montres en or ou des bagues en argent, alors… Et surtout, ingénieur, elle trouvait le mot joli. Oui, pour ma mère le monde était divisé en deux : le laid et le joli. Toute sa vie, elle aurait voulu dire à ses voisines et à ses clientes : mon fils est ingénieur. Mais évidemment le métier de saltimbanque (même si on y entend le mot « banque ») ne pouvait satisfaire ni l'un ni l'autre de mes parents.

J'ai quand même fait ce métier, causant sciemment un

immense chagrin à ma famille et rencontrant la même incrédulité et souvent la même incompréhension sur mon chemin. Je me souviens, par exemple, qu'un jour, à l'issue d'un spectacle que je jouais, un couple vint me saluer, me dire qu'ils avaient apprécié et me demander quand je rejouais. Je leur dis que j'avais un spectacle la semaine suivante, et le mari se tourna vers sa femme en disant : « Tu te rends compte, Germaine, un métier où on travaille que deux heures par semaine ! »

Oui, c'était vraiment injuste de m'obliger à écrire une autre profession que comédien sur cette fiche, d'autant que j'ai revu mes anciens condisciples au fil des années – souvent ils me faisaient le plaisir de venir voir les pièces que je jouais – et aucun n'est devenu ministre, aucun député, banquier non plus, quelques-uns étaient des ingénieurs… au chômage. Dans une promotion aussi peu relevée, finalement comédien, c'était pas si mal.

Toutefois mon père m'avait prévenu :

— Je t'interdis de faire du théâtre dans ma ville !

Et ma mère d'en rajouter :

— Est-ce que les enfants de nos concurrents font du théâtre !? Comédien, mais c'est la fin de tout !

Quant à l'autre, il jouait au tennis. Ma mère trouvait cela très chic, mais mon père était prêt à lui casser le bras quand il apprenait qu'il était allé s'entraîner au lieu d'être au lycée. La menace la plus forte venait du chauffage central :

— Je vais te foutre tes raquettes dans le chauffage central !

Ou alors à propos d'un de mes livres de Boris Vian qui lui avait paru pornographique :

— Ce type-là est un salaud, comme Sartre d'ailleurs ; je vais te foutre tout ça dans le chauffage central.

Et de fait, quelques années plus tard, par hasard, j'ai retrouvé mon livre, avec quelques autres, dans la cave. Mais il n'était pas passé à l'acte. Il n'avait pas ouvert le portillon de la chaudière pour le précipiter dans les flammes. Le livre était là, à quelques centimètres, dans une sorte de purgatoire, avec mes trois auteurs de Montevideo. Dieu leur avait finalement évité l'enfer.

Il y eut aussi quelques épisodes qui tenaient plus de la bouffonnerie. Nous allions de temps à autre manger chez des amis qui avaient des enfants de notre âge. Un dimanche, nous devions prendre le dessert chez eux. Nous avions donc mangé et bien mangé, comme c'était le cas en général le dimanche, et dans la voiture brusquement, un doute assaillit mes parents. Ils ne savaient plus s'il s'agissait de prendre le dessert ou si nous étions invités pour un repas complet. Le doute se dissipa à notre arrivée quand nous nous sommes aperçus qu'un plantureux repas nous attendait. Mon père prit son air le plus sérieux et il nous dit discrètement, mais fermement : « À mon commandement, bouffez ! » Nous avons donc mangé une deuxième fois et nos amis ne se sont rendu compte de rien. Mais au dessert, nous n'en pouvions plus et ma mère nous a dit : « Mais enfin, du dessert, vous n'en avez pas eu à la maison, mangez donc ! » Ce qui, bien sûr, a fait découvrir la méprise. Au retour, il a fallu toutefois arrêter plusieurs fois la voiture pour laisser ma sœur vomir.

Quelque temps après, la vie nous a séparés pendant des années sans que je sache si cela l'affectait ou pas. Effectivement, nous n'avions pas grand-chose à nous dire. J'avais des nouvelles par la fratrie. En fait, mon père nous en voulait de ne pas avoir repris son affaire. On peut le comprendre, mais comme on nous répétait à longueur de journée que le commerce était un esclavage, nous n'étions pas très tentés.

Et puis ce fut le temps de l'inévitable réconciliation ; il ne savait pas que j'avais trois enfants.

Dans ses dernières années, mon père avait changé d'avis sur beaucoup de choses. Notamment, il disait régulièrement : « J'ai au moins réussi une chose dans ma vie : mes enfants ». Je crois qu'il était fier que je sois devenu un vrai gaucho. Une fois à la retraite, n'ayant plus à sauver les apparences du bijoutier mondain, il avait la parole plus libre. Il ne craignait plus de perdre des clients. De mon côté, avec le recul, j'ai mieux compris ce qu'avait été sa vie, ses difficultés, sa réussite professionnelle…

Mon père était à son établi

Maître des horloges
mon père était à son établi
devant ses burettes et outils
comme un acteur dans sa loge

Il était aussi entomologiste
les montres démontées
semblaient des scarabées
saisis à l'improviste

Déshabiller une pendule
révélait tout son talent
et son érotisme latent
caresseur sans scrupule

Chef de son laboratoire
c'est en blouse blanche
qu'il rendait alors étanche
la montre avec remontoir

Il tenait ainsi une fumerie
où se mélangeaient essence
huile et tabac incandescence
qui n'avait rien d'une fumisterie

Il était dresseur de coucous
il faisait courir la trotteuse
la comtoise en chanteuse
sonnait bien douze coups

Soudeur-chercheur d'or
alchimiste au chalumeau
chassant l'intrus au plumeau
l'oreille vers le transistor

Oculiste, Riquet à la loupe
s'occupant de l'œil de bœuf
vieux débris redevenu neuf
et exact à l'heure de la soupe

Philosophe du temps présent
il réglait minutes et secondes
et ne s'arrêtait plus le monde
de tourner invariablement

C'était tout cela mon père
mais je ne l'ai vu que de dos
et je n'ai rien su de ce maestro
je n'ai compris qu'au cimetière.

16

« Il faut continuellement commencer par la fin »
Stanislaw Jerzy Lec

C'est vrai que j'ai longtemps tardé à écrire, mais le titre « Débuter après la mort » était déjà pris par Maurice Blanchard, alors je me suis décidé. Mais ce ne fut pas sans de nouvelles hésitations, notamment lors du Salon du Livre en 2017 qui me laissa une impression de vacuité indolente.

Livre-Paris

Ici on trouve des auteurs en dédicace.

Attention ! la dictée commence dans dix minutes.

Stand de l'Armée, le colonel Massart dédicace son dernier livre : *Sable et Sueur.* Pardon, mon colonel, il s'agit de *Sueur et Sabre.*

On gagne des chapeaux en papier au stand Spirou.

Il y a un auteur qui vous intéresserait ? Non, pas spécialement.

Toute sortie est définitive.

Ah, cette année, c'est le Maroc qui est invité ! Mais c'est trop sucré, toutes leurs pâtisseries.

Ce n'est plus le Salon du Livre ?

Non, maintenant c'est le Livre Paris, comme on dit Vivre Ensemble ou Ivre Mort.

Ils ont sacrément bien nettoyé depuis le Salon de

l'Agriculture, mais je trouve qu'il y a encore une odeur.

En tout cas, c'est impossible de lire ici. Trop de bruit.

Ça me fait penser que j'ai rien lu cette année.

Dis donc, on est bien protégé, tu as vu toute cette sécurité, il y a même un drone.

Non, c'est le chapeau d'Amélie Nothomb.

Le tien, il lit ?

Oui, enfin il tourne les pages.

Celui-là, il paraît que c'est celui qui se vend le mieux.

Ah bon, pourtant la couverture ne fait pas très riche.

Là, il y a un auteur en signature, mais il n'a rien signé depuis un bon moment.

Il vient pour se faire connaître.

Mais il faut se faire connaître avant. Il n'a rien compris celui-là.

On ne va pas le plaindre, il aura trouvé une place assise, lui au moins.

Comment s'asseoir au XXIe siècle, en douze leçons pratiques.

Ici, c'est le coin des éditions religieuses. C'est incroyable tout ce que peut vendre Mère Teresa !

À quelle heure on dédicace la Bible ?

Les plantes aussi, ça marche fort.

Comment redresser votre géranium par le professeur Endive.

Oui, maintenant la littérature est devenue plus accessible ; les grands auteurs, on s'en passe.

Maigrir sans s'en apercevoir.

Derrière les stands, il y a un grand espace. Ceux qui peuvent payer le repas ont des chaises. Les autres s'assoient par terre pour manger leurs sandwiches.

Le bourdonnement permanent donne le bourdon par intermittence.

… mais comment vous avez réalisé une telle… non, ce n'est pas une monographie… deux pour le prix de trois… une calligraphie que je qualifie de rustique… une vague d'auteurs en vogue… plus fort que Houellebecq… le selfie est la nouvelle dédicace, j'y consens volontiers… une vogue d'auteurs vagues… pluriconscensuels… une logorrhée subtile…

Voilà, les critiques n'ont plus le temps. Les écrivains non plus.

La vie d'un livre est de trois jours.

Même à la télé, on ne vend plus rien. Même Nabila, elle vend plus comme avant.

internet vous fait du tort ?

À moi non, bien sûr, mais je pense aux jeunes.

Moi, heureusement, je n'y pense pas.

Vous avez écrit *Dans la tête de Marine Le Pen.* C'était dur de rentrer

Dans le costume de François Fillon. Dans le sourire d'Emmanuel Macron.

Il y a des livres en roumain, t'imagines la perte de temps !

Oui, surtout qu'après il faut encore les traduire en bon français.

Celui-là, il est connu, mais de là à te dire son nom…

Il n'a pas un nom connu ; c'est sa tête qui est connue.

Mourir idiot, mais sans regret.

Comment éviter les cauchemars et les taches de gras.

Moi, j'écrirais bien un bouquin, mais s'il faut rester enfermé quatre jours là-dedans alors qu'il fait beau dehors dans la Pampa…

Et la Pampa, ce n'est pas l'exotisme à la Luis Mariano, ni une envie écologico-abstraite de se retirer des affaires, ni le moyen de rêvasser aux grands espaces. C'est surtout l'impression de ne pas se trouver au centre du monde. C'est une tendance générale. Et c'est vrai, on peut le constater ou le regretter, mais il y a bien une fierté à se considérer au centre de quelque chose. Il y a toujours une commune qui, par de savants calculs, démontre qu'elle est le centre géographique de l'Europe. Alors la mairie locale met en place de grands panneaux pour que nul n'en ignore, le café du coin fait des frais et se rebaptise « À l'Europe Joyeuse ». La boulangère plante des petits drapeaux dans chaque pain, plus exactement au centre de chaque pain. Un village français avait ainsi beaucoup regretté que l'Allemagne fût réunifiée, ce qui changeait le centre de gravité européen, et le maire s'en plaignait amèrement : « Ces gens-là se réunifient, c'est bien gentil, mais est-ce qu'ils pensent une seconde aux investissements que nous avons faits. Sans compter que c'est un village voisin qui va en profiter maintenant ! » Hé oui, les frontières sont mouvantes et l'Union européenne grandit régulièrement, du moins en ce qui concerne les kilomètres carrés. Alors, il faut se faire une raison, on ne reste pas longtemps le centre d'un tel territoire. Cette fascination pour le centre est surprenante, quand on réfléchit au fait que la terre est ronde et que, par conséquent, tout le monde peut revendiquer cette place de choix. Je me souviens que, lors d'un festival de théâtre à Magnitogorsk en Russie, j'avais traversé l'Oural gelé à pied et que sur l'autre rive, j'avais lu en différentes langues : « Ici s'arrête l'Europe, là commence l'Asie. » J'ai mis un pied en Asie, pour voir ce que ça fait comme impression et je suis retourné, tout pensif, à l'hôtel. Des pêcheurs avaient fait des trous dans la glace et je me demandais s'ils pêchaient des poissons européens ou asiatiques. Quelle est donc la vraie Europe ? Celle des Berlusconi et des Macron ou celle des Cervantès et des Dostoïevski ? L'écrivain écossais Carlyle (1795-1881) a dit qu'il importait peu que l'Angleterre perde son empire colonial pourvu qu'elle conserve Shakespeare.

Alors finalement, pourquoi vouloir être absolument le nombril du monde ? Pourquoi vouloir avec obstination être au centre alors que les marges sont bien plus belles. Les territoires les plus fascinants ne sont-ils pas les confins ? Là où les frontières sont floues, les populations bigarrées, les langues mélangées, les mariages mixtes, les cuisines multiples, les certitudes ébranlées, les créateurs inspirés par tant de mouvements et l'histoire en suspens, comme pour ne pas déranger.

C'est dans cet état d'esprit que je suis revenu dans mon hacienda picarde. Dans ce pueblo, les vieux sont assis et parlent du temps où les vaches meuglaient au moment de la traite. L'un d'eux un soir de novembre me dit en m'offrant son maté : « On était tout de même plus heureux sous le général de Gaulle ! » Il voulait sans doute parler de Peron. Les vieux confondent facilement les noms. Dans la rue d'en haut que prolonge la rue d'en bas, ce ne sont que conciliabules avenants et invitations à entrer prendre une Quilmes. Bien sûr, il y a quelques châtelains qui se plaignent de ce que mes chiens se sauvent. Je leur réponds que les chiens ont besoin de humer les herbes folles de la pampa. C'est leur maté à eux. Un péon me demande de regarder sa jument qui boite bas. La pauvre est atteinte de fourbure ; il faudra beaucoup de temps et des bains de pieds réguliers. J'entends la carriole du facteur ; il me tend un journal où je découvre cet article :

> *Vous n'avez pas pu passer à côté de l'herbe de la pampa ces derniers temps ! Cette plante douce et sauvage insuffle une note champêtre et élégante dans nos intérieurs.*
>
> *Plante ornementale tendance, voire incontournable, elle est dotée de plumeaux spectaculaires, qui peuvent être blancs, dorés, argentés, voire même rosés selon les*

espèces, et qui lui valent aussi le nom de « roseaux à plumes », ou encore fleur de pampa.

Si vous souhaitez décorer votre intérieur en lui donnant un côté sauvage et bohème, l'herbe de la pampa est parfaite pour orner différentes pièces de la maison ! Vous pourrez en trouver chez votre fleuriste, en acheter en ligne ou la cueillir vous-même dans des endroits sauvages. Dans ce dernier cas, équipez-vous d'un sécateur et de gants. En effet, les tiges sont coupantes et vous risquez de vous blesser. Il vous suffira ensuite de vaporiser les plumeaux d'un peu de laque afin qu'ils conservent leur douceur et qu'ils ne prennent pas la poussière trop rapidement. Elle sera ensuite peu exigeante au niveau de l'entretien, autre qualité non négligeable de l'herbe de la pampa.

En choisissant l'herbe de la pampa, vous aurez le choix entre une multitude d'idées déco pour votre intérieur : vous pourrez en disposer quelques tiges dans un grand vase ou une dame-jeanne, la disposer en accumulation sur une table.

Vous pouvez également en faire des suspensions, des couronnes ou ornements muraux. Les herbes de la pampa pourront aussi s'associer à d'autres plantes vertes ou fleurs séchées, vous permettant ainsi de jouer avec les tailles, les couleurs et les textures.

Voilà à quelle dégénérescence on en arrive maintenant ! Je fais une boulette de ce torchon et je le renvoie au facteur qui en perd son béret administratif. J'étais dans une humeur détestable et je me fais alpaguer par un voisin qui me signale que mes chèvres ont mangé son rosier. Je lui rétorque :

— Mes chèvres ont le droit de sortir puisque vous avez tué

tous les coyotes et tous les loups. Et vous les avez tués pour que vivent les ovins et les caprins. Alors maintenant vous voulez tuer les chèvres pour que vivent les roses ?

— Non, je ne veux pas les tuer ; je veux juste qu'elles soient enfermées.

— Mais une chèvre, ça ne s'enferme pas. C'est un être épris de liberté qui néglige les clôtures et se moque des barbelés. Pour vivre la chèvre a besoin d'aventure.

— Et il faut précisément qu'elles s'aventurent chez moi ?

— Vous savez bien, l'aventure se fait toujours à l'aventure. En tous cas, nous les gauchos…

— Qu'est-ce qui vous permet de dire, à soixante kilomètres de Paris, que vous êtes un gaucho ?

— Alors là, amigo, je vais te sortir la définition du gaucho du site Terra Argentina et tu verras que je corresponds à tous les critères.

Je lui fais la lecture à cet ignare qui s'ignore.

Véritable roi des pampas, le gaucho ne travaille pas, au sens habituel du terme. Il mène une vie de nomade (pratiquant volontiers la contrebande et le commerce illégal de cuir) qui lui vaudra une mauvaise réputation jusqu'au XIXe siècle.

De même je n'ai pas travaillé durant ma jeunesse, usant de divers stratagèmes, ce qui fait que j'ai souffert d'une mauvaise réputation jusqu'à la fin du XXe siècle.

Ce n'est que durant les guerres d'indépendance et les guerres civiles qu'il acquiert enfin ses lettres de noblesse. À cheval, il défend et lutte ardemment pour conserver son territoire et devient un véritable héros.

Ce n'est que durant la campagne de libération de la Grande Moldavie que j'ai acquis enfin mes lettres de noblesse (Intitulées du reste « Lettres du Moldave »).

S'alliant aux armées de libération, les gauchos acquièrent rapidement la réputation d'excellents soldats. Bons cavaliers, ils connaissent la pampa par cœur et deviennent des combattants redoutables.

À l'issue des guerres d'indépendance, le gaucho, idéalisé par l'image d'un guerrier sans faille, incarne des valeurs de liberté, de courage et d'honneur.

Également à l'issue de mes combats (notamment contre un maire aujourd'hui en prison), idéalisé par l'image d'un guerrier sans faille, j'incarne des valeurs de liberté, de courage et d'honneur.

— Alors vieux, toujours pas convaincu ?

— Si, mais ça m'ennuie tout de même pour mes rosiers.

— Il n'y a pas que les roses dans la vie. Par exemple, les chèvres ne mangent pas les orties. Et une soupe aux orties, c'est un régal !

Bien sûr, j'ai fait aussi une réflexion à mes chèvres, mais vous savez comment ça se passe. Les chèvres arrivent chez le voisin, il est le premier à agiter un bout de pain pour pouvoir les caresser. Le lendemain, évidemment, les chèvres y retournent. Le gars n'est pas là. Alors, en l'attendant, elles taillent un peu les rosiers. C'est pourquoi je pose la question : qui est responsable ?

En rentrant dans mon estancia, je me dis que tout de même j'ai bien changé. J'ai été agressé plusieurs fois dans la journée et je n'ai pas sorti mon couteau une seule fois. Je n'ai pas sorti mon flingue non plus. D'ailleurs, je ne sais pas si vous avez remarqué, mais dans les westerns, c'est toujours celui qui sort son arme le premier qui meurt. Pourquoi ? Parce qu'il décide de tirer, tandis que l'autre ne décide pas, il « est décidé » si on peut dire, et c'est lui qui gagne. L'instant fatal de la décision nous perd tandis que le réflexe vital nous sauve.

Il paraît qu'en Argentine les gauchos se déplacent en 4x4

désormais… Mais enfin, il faut se demander si c'est le cheval qui fait le gaucho ou si c'est le gaucho qui fait le cheval. Dans ce second cas, le gaucho peut bien remplacer le cheval par ce qu'il veut. Parce qu'enfin il est tout aussi sûr que ce n'est pas le 4x4 qui fait le gaucho aujourd'hui.

Ne pas mourir n'est pas un but suffisant dans la vie

Pourtant à un moment donné on se dit toujours : cette année je vais juste essayer de ne pas
mourir. Certains, prétentieux, ne veulent pas mourir idiots ou, précautionneux, ne veulent
pas mourir avant l'âge. Enfin on se met à relire stoïquement les philosophes : vivre c'est
apprendre à mourir nous apprennent-ils. Il est aussi des cas où l'on tue sauvagement
en disant : Prends ça, beau salaud ! ça t'apprendra à vivre. Ne pas mourir n'est pas
un but suffisant dans la vie, mais, si on y réfléchit quelque peu, mourir non plus.
Vous ne savez ni le jour ni l'heure disent les Écritures qui n'en savent pas plus
que le commun des mortels. Il paraît que nous attendent là-haut dans le ciel
un tas de vendeurs de paradis, les pieds dans l'au-delà, et de démonstrateurs
enflammés de super-chaudières. Mais si, comme l'a chanté l'autre, le ciel
est vide, s'il n'y a rien, notre « âme » va monter tout droit comme un
ballon lâché par un enfant maladroit, s'accrocher aux branches d'un
sapin déplumé et finir déchiquetée par un corbeau myope. Enfin,
pour cela, faudrait qu'on l'ait retrouvée cette âme plus

volatile
qu'un vulgaire éther, qui fond plus vite que nos banquises.
Pour un grand nombre la vie est trop courte mais d'autres
ont bien envie de l'abréger : plutôt que durer, qu'endurer
en finir ! Ceux-là, bien mieux informés que les Écritures,
ont fixé exactement le jour et l'heure. La bonne durée
n'est pas la même pour le chanceux que la vie aime
et pour celui qui aime la vie mais sans réciprocité.
S'engager dans un combat savoir pourquoi on
se bat et on en oublie qu'il reste si peu de
temps pour rire si peu de place pour lire.
Tout finit par se réduire, pas le temps
de séduire, juste quelques mots
en bas d'une page et une
dernière fois on peut
aimer qui on veut
puis mettre
le point
sur le
i de
fin

Remerciements

Remerciements à Violette Kalmovitcz,
ma première lectrice et correctrice.

Du même auteur

Les Batailles impudiques, Nombre7 Editions, 2021

Vous avez aimé ce livre ?

Flashez ce code, donnez votre avis
et partagez-le sur www.babelio.com

NomBre7 éditions

contact@nombre7.fr – 04 66 05 87 18

Imprimé en France – septembre 2022
Dépôt légal second semestre 2022